जब मनुष्य को अपनी शारीरिक एवं मानसिक शक्तियों द्वारा किसी कार्य की सिद्धि में सफलता नहीं मिलती तो वह अलौकिक शक्तियों का सहारा ढूंढ़ता है, इन अलौकिक शक्तियों को प्रसन्न करके अपना कार्य सिद्ध करना चाहता है। ऐसी शक्तियों को तंत्र, मंत्र एवं स्तोत्रों द्वारा प्रसन्न किया जाता है।

किसी भी कामना-सिद्धि के लिए इन तंत्रों, मंत्रों और स्तोत्रों को सिद्ध करना अत्यन्त आवश्क है। इसके लिए विधि-विधान की आवश्यकता होती है। प्रस्तुत पुस्तक में प्रमुख तंत्रों को चुना गया है और उन्हें प्रभावकारी बनाने की सरल विधि की खोज की गई है। आस्था और विश्वास के साथ सम्बन्धित तंत्र को प्रयोग करेंगे तो मनोकामना अवश्य पूर्ण होगी।

AF520416

तंत्र शक्ति साधना और सैक्स

पं० राधाकृष्ण श्रीमाली

डायमंड बुक्स

© प्रकाशकाधीन

प्रकाशक : डायमंड पॉकेट बुक्स (प्रा.) लि.
X-30 ओखला इंडस्ट्रियल एरिया, फेज-II
नई दिल्ली-110020
फोन : 011-40712200
ई-मेल : sales@dpb.in
वेबसाइट : www.diamondbook.in

Tantra Shakti, Sadhna Aur Sex
By : Pt. Radha Krishna Shrimali

विषय-सूची

भाग-1

भाग-2

भाग-3

तंत्र क्या है ?

'तंत्र' शब्द 'तन्' और 'त्र' से मिलकर बना है। इन दो धातुओं से बने तंत्र शब्द का अर्थ है—'तत्त्व को अपने अधीन करना।' 'तन्' पद का तात्पर्य प्रकृति और परमात्मा से है और 'त्र' का अर्थ है—अनुकूल बनाने का भाव। इस प्रकार 'तंत्र' से यह भी भाव प्रकट होता है कि इसमें देवताओं की पूजा-प्रतिष्ठा करके प्रकृति और भगवान को अपने मनोनुकूल कर लेते हैं और मनोकामना पूर्ण करते हैं। पूजा-पाठ के उपयोगी साधान भी तंत्र में आ जाते हैं।

इस प्रकार तंत्र का अर्थ हम यह भी कर सकते है कि जिसके द्वारा सभी मन्त्रार्थों, अनुष्ठानों का विस्तार से विचार हो और जिसके अनुसार कार्य करने पर लोगों की सभी भयों से रक्षा हो तथा मनोवांछित उपलब्धियां हों, वह तंत्र है।

इस परिभाषा से स्पष्ट है कि तंत्र एक शास्त्र है। यह शास्त्र पूजा-पाठ, आचार-विचार और कुछ ढंगों से अपने इच्छित तत्त्वों को अपने अधीन बनाने का मार्ग दिखलाता है।

अतः यह 'साधना' का मार्ग है।
साधना का एक शस्त्र है।
पुराणों में इसका विशेष वर्णन और प्रशंसा है।
मत्स्त्य पुराण में कहते हैं —

विष्णुर्वरिष्ठो देवानां ह्रदानामुदधिर्यथा।
नदीनां च यथा गंगा, पर्वतानां हिमालयः॥
तथा समस्त शास्त्राणां तंत्रशास्त्रमनुत्तमम्।
सर्वकाम प्रदं पुण्यं तंत्र वै वेदसम्मतम्॥

अर्थात्—जैसे देवताओं में विष्णुजी, तालों में समुद्र, नदियों में गंगा और पर्वतों में हिमालय श्रेष्ठ हैं वैसे ही समस्त शास्त्रों में तंत्र शास्त्र श्रेष्ठ है। यह सब कामनाओं को पूर्ण करने वाला, पुण्य-युक्त और वेद सम्मत शास्त्र है।

महानिर्वाण तंत्र में लिखा है—

'हे पार्वती, कलियुग में गृहस्थ लोग केवल आगम तंत्र के अनुसार ही कार्य करेंगे। अन्य मार्गों से गृहस्थों को सिद्धियां प्राप्त नहीं होंगी।'

इन्हीं प्रेरणाओं के कारण उत्तर काल में तंत्र-शास्त्रों और उनके आधार पर होने वाले प्रयोगों पर विश्वास किया गया तथा प्रयत्न करके सुख-सुविधाएं प्राप्त की गईं।

मनुष्य की सभी प्रकार की असीम आवश्यकताएं होती हैं। वे आवश्यकताएं, कुछ तो कष्टों से मुक्ति पाने के लिए होती हैं, कुछ जानने योग्य को जानने की जिज्ञासा-शक्ति के लिए तथा कुछ भौतिक सुखों की उपलब्धि को प्राप्त करने सम्बन्धी आवश्यकताएं होती हैं।

ये आवश्यकताएं बढ़ती रहती हैं।

इनकी पूर्ति के लिए मनुष्य अनेक उपाय करता है।

उन्हीं उपायों में एक उपाय पूजा-पाठ और तप-अनुष्ठानादि भी है।

पूजा-पाठ और अनुष्ठानों के द्वारा मानव दैवी शक्तियां प्राप्त करना चाहता है और करता है।

तंत्र-साधना भी ऐसी ही साधना है। यह भी एक ऐसा ही मार्ग है। इसके द्वारा मानव अपनी मनवांछित उपलब्धियां प्राप्त करता है।

प्राचीन काल के अनेक सिद्धों ने तंत्र-साधना को सबसे सुलभ और सरल बताया है।

यह योगमार्ग, ज्ञानमार्ग और अन्य कठिन मार्गों से अत्यन्त सरल और सुगम होने के कारण सर्वग्राह्य है।

तंत्र-शास्त्र के पांच मुख्य अंग हैं—

1. पटल
2. पद्धति
3. कवच
4. सहस्रनाम
5. स्तोत्र

1.पटल—इसमें इष्ट देवता का महत्त्व, इच्छित कार्य की सिद्धि के हेतु हवन, जप सूचना एवं उपयोगी सामग्री का निर्देश आता है।

2. पद्धति—पद्धति में साधना की शास्त्रीय विधि, नियम का निर्देश आदि

होता है जिसमें शौचादि से पूजा, जाप-सम्पन्न होने पर्यन्त के मंत्र आदि होते हैं। किसी निमित्त होने वाली तथा दैनिक पूजा, दोनों का प्रयोग और नियम तथा किये जाने वाले अनुष्ठानों की जानकारी इसमें प्राप्त होती है।

3. कवच—इष्ट देवों की उपासनाओं में उनके नामों द्वारा उनका अपने शरीर में निवास तथा रक्षा की प्रार्थना करते हुए जो न्यास किये जाते है, वे 'कवच' कहे जाते हैं। ये कवच न्यास और कवच स्तोत्रों के पाठ द्वारा सिद्ध होते हैं। सिद्ध होने पर साधक किसी भी रोगी पर इनके द्वारा झाड़ने-फूंकने की क्रिया करता है। कवच-स्तोत्र पाठ जप के पश्चात् होता है। भोज-पत्र पर कवच लेखन, तिलक, जल अभिमंत्रण या ताबीज तथा अन्य चीजों को अभिमंत्रण (मंत्र से युक्त) करने का कार्य भी 'कवच स्तोत्र' से होता है।

4. सहस्रनाम—उपासना योग्य इष्ट-देव के सहस्र यानी हज़ार नामों का संकलन इस स्तोत्र में होता है। ये हज़ार नाम ही विविध प्रकार की पूजाओं में स्वतंत्र पाठ के रूप में तथा हवन आदि में प्रयोग में लाए जाते हैं। ये हज़ार नाम मंत्रों से युक्त होते हैं तथा इनमें देवता के गुण, कर्म, स्वभाव का दिग्दर्शन आता है। अतः इनका स्वतंत्र रुप से भी अनुष्ठान होता है। ये सिद्ध-मंत्र रूप में होते हैं। इनका तंत्र-साधना में अत्यन्त महत्त्व है।

5. स्तोत्र—जिस देवता की आराधना की जाती है उसकी स्तुति का संग्रह ही स्तोत्र होता है। प्रधान रूप से स्तोत्रों में देवता का गुणगान और प्रार्थना होती है। कुछ स्तोत्र मंत्रसिद्ध होते हैं। सिद्ध स्तोत्रों में यन्त्र बनाने का विधान, औषधि प्रयोग, मंत्र प्रयोग आदि भी होते हैं।

इस प्रकार तंत्र-साधना में—'तंत्र शास्त्र' के ये पांच अंग माने जाते हैं। इन पांच अंगों से युक्त यह तंत्र शास्त्र है। इसके द्वारा की जाने वाली साधना सुलभ, सरल, सुगम और सुफलदायक है।

तंत्रविषयक भ्रांन्तियां

सामान्य जन तंत्र का अर्थ भी मंत्र-यंत्र की भांति जादू-टोना और झाड़-फूंक की रहस्यों से भरी विद्या समझता है और शिक्षित समाज इसे कोरा पाखंड, भ्रम और ठगी का पेशा समझता है। कुछ लोग इसे बाज़ीगरों के खेलों जैसा क्षणभर के लिए दिखाये जाने वाले तमाशे की विद्या समझने की भूल करते हैं।

तंत्र के विषय में ऐसी भ्रान्तियां क्यों पैदा हुईं ?

इसके पीछे बहुत से कारण हैं।

जब तंत्र का बहुत प्रचलन हो गया और उसकी सिद्धियों से समाज लाभान्वित होने से तांत्रिकों की प्रतिष्ठा बढ़ी और सम्मान हुआ तो नकली तांत्रिक भी होने लगे। अधकचरे ज्ञान या अज्ञान के कारण जो सिद्धियां प्राप्त किए बिना समाज में सम्मान पाना चाहते थे उन्होंने कुछ चालाकियां सीख लीं और हाथ की सफाई को भी 'तंत्र ज्ञान' कहने लगे। लोग उनकी चालाकी नहीं भांप सके और वे अपनी उस सफाई को तंत्र शक्ति बताते रहे। साधारण लोग इसे तंत्र समझने लगे।

तंत्र को लोगों ने मारने, सामाप्त करने या दूसरों को अन्य प्रकार से हानि पहुंचाने की भी विद्या समझा है। इसका कारण यही रहा है कि अधिकांश तांत्रिकों ने 'मारण' 'उच्चाटन' ही किया। तंत्र का दुरुपयोग ही किया, 'शान्ति कर्म' या निर्माण कार्य नहीं किये गए। सिद्धियों से निजी स्वार्थ हल किये गए। दूसरों को मिटाने के निम्न कर्म किये गए। इससे तंत्र बदनाम हुआ।

लोगों की धारणा बन गई कि तंत्र विद्या होती ही घात-प्रतिघात के लिए है। आज भी कुछ लोग ऐसा मानते हैं।

तंत्र के बदनाम होने का एक कारण वे 'पंचमकार' भी हैं जिन्हें तंत्र-साधना में कुछ स्वार्थी और व्यभिचारी लोगों ने ठूंस दिया।

वे पंचमकार है—

'मद्यं मांसं, मीनं च मुद्रा मैथुनेव च।
एते पंच मकाराः स्युः मोक्षदाः हि युगे-युगे॥

अर्थात् मद्य (शराब), मांस, मीन (मछली), मुद्रा और मैथुन (सम्भोग) ये पांच मकार युग-युग में मोक्ष देने वाले हैं।

कौन सभ्य और विवेकशील व्यक्ति इन पांच मकारों को उचित और न्यायसंगत मान सकता है ?

यही कारण है कि स्वामी दयानन्द सरस्वती ने अपने ग्रंथ 'सत्यार्थ प्रकाश' में तंत्र साधकों की कसकर खबर ली है और इन पंचमकार वालों, वाममार्गी लोगों की बहुत निन्दा की और खंडन किया है।

खंडन करने योग्य न जाने कितनी बातें तंत्रों में भर दी गईं।

काली तंत्र में लिख दिया गया—

'मद्यं मांसं च मीनं च मुद्रा मैथुनेव च।
एते पंचमकाराः स्युः मोक्षदा हिकलि युगे।

महानिर्वाण तंत्र में—

पीत्वा-पीत्वा पुनः पीत्वा यावत पतति भूतले।
पुनरुत्थाय वै पीत्वा पुनर्जन्म न विद्यते।

अर्थात् शराब पिए, पीता रहे, बार-बार पीता रहे, जब तक जमीन पर गिर न जाए, पीता रहे। उठे, उठकर फिर पिए। इसके बांद वह पुनर्जन्म के बंधन से छूट जाता है।

'रजस्वला पुष्करं तीर्थं, चांडाली तु महाकाशी।
चर्मकारी प्रयागः स्यात् रजकी मथुरा मता।

'अर्थात्– (तंत्र मार्ग में) रजस्वला (मासिक धर्म वाली) पुष्कर तीर्थ के समान, चांडाल की लड़की या स्त्री महाकाशी के समान, चमारी प्रयाग राज के सामान और धोबिन मथुरा के समान है।'

अब अनुमान लगाया जा सकता है कि जिस साधना मार्ग के अनुयायियों के ऐसे विचार होंगे उसे कोई सभ्य व्यक्ति कैसे उचित मान सकता है!

व्यभिचारियों और दुष्टों की जमात ही ऐसे साधकों को भले लोग की श्रेणी में मानेगी।

वास्तविकता यह है कि इन लोगों ने अर्थ के अनर्थ भी किये हैं।

बहुत से शब्दों के अर्थ ऐसे निकाले हैं तथा बहुत से श्लोक गढ़कर तंत्र ग्रन्थों में भर दिये हैं।

सम्भोग, पशुबलि, रक्त-स्नान या मदिरा-पान, वीर्य-पान आदि घृणित कर्मों को तंत्रों में जोड़ना नीचता के अतिरिक्त और कुछ नहीं है।

वाममार्गी साधना के भी ये अर्थ नहीं थे जो कर दिये गए।

अब तो जीभ के स्वाद और शारीरिक आनन्द के लिए संभोग, मांस, मछली और मदिरा को खाया जाता है और उसे साधना बताया जाता है। यह भूल भी है और नीच कर्म भी।

तंत्र-साधना इन्हीं कर्मों के कारण हीन दृष्टि से देखी जाने लगी।

अन्त में हम यही कहना चाहते हैं कि तंत्र बुरा नहीं है।

'तंत्र' विद्या और साधना मार्ग यदि सही तरीके से अपनाया जाये तो सुफलदायक है इसके प्रति जो घृणा लोगों के मन में आई या यह बदनाम हुआ, इसका कारण वास्तविक ज्ञान न होना तथा अधकचरे, ठग, स्वार्थी लोगों द्वारा इसके माध्यम से धन कमाना है।

वेदों में तंत्र

आर्य लोग वेद को ईश्वरचित मानते है जो ईश्वर की वाणी है या ईश्वर की प्रेरणा से ऋषियों के मुख से उदित हुए हैं।

वेद की चार संहिताएं है—

1. ऋग्वेद
2. यजुर्वेद
3. सामवेद
4. अथर्ववेद

इनमें चौथा जो अथर्ववेद है—उसी का उपवेद 'तंत्र' है।

इस प्रकार तंत्र भी वेद का ही रूप है।

अनेक अनुसन्धानकर्ताओं और विद्वानों ने तंत्र को वेदों से ही माना है। इसे वेदों का अंग ही माना है।

कुछ गैर-जिम्मेदार लोगों द्वारा तंत्र के अर्थों को न समझकर उनका रूप बदल दिया गया और ऐसा रूप दे दिया और वेदों के विरुद्ध मान लिया।

इस प्रकार तंत्र का रूप बदल गया।

तंत्र को वेदों से अलग करके देखा गया।

बाद में तो लोगों ने अपने तंत्र-ग्रन्थों को ही वेदों के विरुद्ध रच डाला।

'योगिनी तंत्र' के ग्रन्थकार ने यहां तक लिख डाला—

'निर्वीयाः श्रौत जातीया विषहीनोरगा इव।
सत्यादौ सफला आसन कलौ ते मृतका इव।।

पाञ्चालिका यथा भित्तौ सर्वेन्द्रिय-समन्विताः।
अमूर शक्ताः कार्येषु तथान्ये मन्त्रराशयः।।

'अर्थात्, वेदों के मंत्र विषहीन सांपों के समान निर्वीर्य हो गए हैं। वे सतयुग,

त्रेता और द्वापर में सफल थे किन्तु अब कलियुग में मृतक की तरह हैं। जिस तरह दीवार में बनी सब इन्द्रियों से युक्त मूर्तियों की आंखों की पुतलियां अशक्त हैं, कार्य नहीं कर सकतीं, उसी तरह तंत्र के अतिरिक्त अन्य मन्त्र समुदाय भी अशक्त हैं।'

अनेक विद्वानों ने 'तंत्र' पर अन्वेषण और अनुसन्धान भी किए हैं।

उनकी खोजों का परिणाम यह है कि तंत्र वेदों से भी प्राचीन हैं।

क्योंकि बीजमंत्र 'ओऽम्' का ही सर्वप्रथम प्रकटीकारण हुआ है। इस ॐकार मंत्र से ही आगे चलकर समस्त वेद-वाङ्मय विकसित हुआ है।

यह ॐ तंत्र का ही एक तत्त्व माना जाता है।

हमारे आर्य धर्म में संसार के अन्य धर्मों के मानने वाले व्यक्तियों के भी जीवन में तंत्र का महत्त्व स्वयं सिद्ध होता है।

वैदिक धर्म से ही देखिए, हम जो हवन, या यज्ञ, पूजा, साधना आदि करते हैं, यह सब क्या हैं ?

एक प्रकार से यह वेदों का तंत्र अंग हैं।

वेद को भारतीय संस्कृति का आदि स्रोत माना गया है। मनुष्य की सभी प्रकार की समस्याओं का उचित समाधान वेदों में हैं।

जैसे पारिवारिक, सामाजिक, राष्ट्रीय समस्याएं हैं, व्यक्ति की शारीरिक, मानसिक, आत्मिक, बौद्धिक सभी प्रकार की जटिल-से-जटिल समस्याओं का निदान वेदों में है।

तंत्र में भी मानव की इन समस्याओं का निदान सरल रूप में है।

अथर्ववेद में कुछ चमत्कारिक प्रयोग हैं जैसे—रोग-नाश, आयु-वृद्धि, पैतृक विकार नाश, सर्पविष, केश वृद्धि, शान्ति, गर्भधारण व रक्षा, काम नियंत्रण, मृत्यु से रक्षा, शत्रु भय से रक्षा, वशीकरण आदि।

ये सब मन्त्र और तंत्र के सिवा और कोई साधना नहीं हैं। मन्त्रों, तंत्रों और औषधियों से ही ये सब समस्याएं निपटायी गईं हैं।

अतः यह निःसंकोच कहा जा सकता है कि तंत्र और मन्त्र वेदों से ही चले हैं।

तंत्रों का इतिहास

जिस प्रकार इस सृष्टि की प्रारम्भिक विद्या वेद है और सारा विश्व मानता है कि वेद सबसे प्राचीन, ईश्वरीय ज्ञान से भरी, सर्व विद्याओं की पुस्तकें हैं उसी प्रकार यह भी सिद्ध होता है कि 'तंत्र' भी वेद के समान प्राचीन और इसकी उत्पत्ति कुछ विद्वान अथर्ववेद से ही मानते हैं।

तंत्रों का जन्म और विकास किस प्रकार हुआ? यह जानना आवश्यक है।

मानव-स्वभाव में भिन्नता पाई जाती है।

बौद्धिक स्तर भी सबका अलग-अलग है। समान नहीं है।

शिक्षा में भी सभी समान रूप से आगे नहीं बढ़ पाते हैं। अतः ज्ञान में कोई तो बहुत आगे बढ़कर गुरु, ऋषि, विद्वान और युगावतार जैसी स्थिति में पहुंच जाता है तो कोई साधारण और अशिक्षित रह जाता है।

साधारण और अशिक्षित लोग न तो वेदमंत्रों का अर्थ समझ पाते थे और न वेदानुकूल अनुष्ठान, यज्ञादि कर पाते थे।

ऐसे मूर्ख, अशिक्षित और सामान्य लोगों को शूद्रों की श्रेणी में रखा जाता था और उनके लिए वेदों का पढ़ना त्याज्य था। वे वेद पढ़ने के इसी कारण अधिकारी न थे कि उनके लिए भैंस के आगे बीन बजाना ही था।

जो व्यक्ति वेदों को समझ और जान नहीं सकता, उसे वेद पढ़ने से लाभ न था और न वेद का हित था। ऐसे लोग अर्थ का अनर्थ कर देते थे और दूसरों को भी अंधकार में ले जाते थे। यही होता भी रहा। वेदों की इसी तरह दुगर्ति अनेक ऐसे अर्धशिक्षित भाष्यकारों ने की है।

वेद-वेदांगों के अध्ययन में असमर्थ तथा बाद में अध्ययन से उपेक्षित व वंचित साधारण लोगों के लिए आचार्यों ने 'तंत्र सम्प्रदाय' चला दिए। तंत्र ग्रन्थ भी लिखे।

जन साधारण को तंत्र मार्ग सरल लगा और तंत्र का इस प्रकार विकास हुआ।

तंत्र का इतिहास देखने पर ज्ञात होता है कि ये वेद की प्रतिक्रिया स्वरूप पनपा।

शूद्रों ने तंत्र को सर्वाधिक अपनाया। इसका कारण उनका वेद ज्ञान से वंचित होना और अधिकारी न होना भी था।

तंत्राचार्यों ने विभिन्न तंत्र सम्प्रदायों का विकास करके साधना और अनुष्ठानों में ऐसे परिवर्तन किए कि जन-सामान्य उनकी ओर आकर्षित हुआ। तंत्र-साधना सरल भी थी और फलदायिनी भी थी।

फिर क्यों न यह मार्ग पनपता ?

तंत्र मार्ग पनपा।

तंत्र ग्रंन्थ लिखे जाने लगे।

तांत्रिकों का सम्मान होने लगा और तांत्रिक गुरुओं ने वेद-ज्ञान को बहुत पीछे धकेल दिया। वेद-ज्ञान केवल अल्पांश संख्यक विद्वानों तक ही सीमित रह गया और वेदों से फूटी किरण, तंत्र-किरण का प्रकाश जन मानस में फैलता चला गया। बंगाल से काश्मीर तक भारत में तांत्रिकों के सम्प्रदाय फैल गए। आसाम से मद्रास तक इसका विकास हो गया। बाद में सारे भारत में और ततपश्चात् विश्व में 'तंत्र' विकसित हो गया।

'तंत्र' का योग से घनिष्ठ सम्बन्ध है। मंत्रों के साथ-साथ तंत्र ने योग का भी सहारा लिया है।

तंत्र में योग साधना, मंत्र ज्ञान, और पूजा पाठ ही है।

मूर्तिपूजा का आविर्भाव भी संभवतः तंत्र से हुआ है।

मन्दिरों-शिवालयों का जन्मदाता तंत्र ही है।

इसके बाद अनेक सम्प्रदाय 'तंत्र' क्षेत्र में विकसित हुए और सबके अलग-अलग ग्रन्थ भी बन गए।

किसी मत में 'देवता' पर अधिक जोर दिया गया तो किसी में मन्त्रों पर। कहीं क्रियाओं की प्रमुखता है तो कहीं पूजा-अनुष्ठान को महत्त्व दिया गया है।

इस प्रकार कई तंत्र-मंत्र हैं।

भिन्न-भिन्न धर्म-सम्प्रदायों के आधार पर भी तंत्र-सम्प्रदाय चले। जैसे— शैव-तंत्र, बौद्ध-तंत्र, जैन-तंत्र आदि।

तंत्र मार्ग के साधकों में जब बुराइयां आ गईं, ग्रन्थों में भी क्षेपक आ गए, अधूरी साधनाओं के कारण असफलताएं दीखने लगीं तथा तंत्रों के माध्यम से चोरी, ठगी, पाखंड और व्यभिचार बढ़ने लगे तो लोगों का तंत्र से विश्वास उठ गया।

इने-गिने सच्चे तांत्रिक ही रह गये।

वे भी हिमालय पर्वत के ऊंचे स्थानों पर एकांतवास में ।

समाज में तंत्र केवल बहकाने की चीज रह गई और विज्ञान की कसौटी पर कसने योग्य तंत्र कहीं नहीं रह गया।

तंत्र से सिद्धियां असम्भव हो गईं।

परिणामस्वरूप शिक्षित-अशिक्षित का भी तंत्र से विश्वास उठ गया।

अब पिछले दो दशकों से पुनः 'तंत्र लहर' आई है।

राजनीतिज्ञों द्वारा संरक्षण दिए जाने के कारण तांत्रिकों ने इन दशकों में समाज में अपनी धाक जमाई है।

तांत्रिकों का प्रभाव बढ़ा है और उन्होंने प्रतिष्ठा पाई है।

कई भारतीय तांत्रिक योगियों ने तो विश्व में भी कई देशों में नाम कमाया है। कई तो अमेरिका आदि देशों में रह रहे हैं।

भारत में तो नेताओं ने तांत्रिकों के द्वारा ही अपनी गद्दी पाने, प्रभाव जमाने और जमीन के लिए यज्ञ-अनुष्ठान कराने का चलन बना लिया है।

यह दु:खदायी सिद्ध हो रहा है।

देश को गुणों के आधार पर नेता नहीं मिल रहे हैं।

तंत्रों का प्रकार एवं ग्रंथ

'तंत्र-ग्रंथ' संख्या में इतने हैं कि उनकी सही-सही गणना ज्ञात नहीं है। जितने ही सम्प्रदाय हैं, उतने ही ग्रंथ हैं।

मुख्य रूप से समस्त तंत्र तीन भागों में बांटे जा सकते हैं—

1. द्वैतवादी
2. अद्वैतवादी
3. द्वैताद्वैतवादी

इन तीन विचारधाराओं के अन्तर्गत समस्त तंत्र-दर्शन आ जाता है।

उक्त तीनों प्रकार के तंत्रों के अन्तर्गत भी भेद-विभेद हैं।

जैसे—

1. शैव-तंत्र
2. वैष्णव-तंत्र
3. शाक्त-तंत्र
4. बौद्ध-तंत्र
5. जैन-तंत्र
6. गाणपत्य-तंत्र

ये छः प्रकार के तंत्र इन मार्गों के देवों के आधार पर हैं।

इनमें भी अनेक भेद हैं।

संक्षेप में इन पर विचार करें तो हमें ज्ञात होगा कि इनके भी सैकड़ों ग्रंथ हैं और प्रत्येक ग्रंथ में भी कोई-न-कोई अन्तर है।

इन तंत्रों और इनके ग्रन्थों का संक्षिप्त वर्णन इस प्रकार है—

1. शैव-तंत्र

शैव-तंत्र को आगम भी कहा जाता है। इस तंत्र का साहित्य बहुत विस्तृत है। इसमें

ग्रन्थों की संख्या विशाल है। इस तंत्र में कई मार्ग हैं। सबके ग्रन्थ भी अलग-अलग हैं। साधना की दृष्टि से भी भेद हैं।

शैवतंत्र के अन्तर्गत आने वाले मार्ग हैं—

1. वाम मार्गी साधना
2. कापालिक
3. पाशुपत
4. वीर शैव
5. जंगम शैव
6. सिद्धांत
7. रौद्र
8. भैरव

इनके अतिरिक्त भी अघोर, चीनागम, विक, प्रत्यभिज्ञा, स्पन्द और महार्थ आदि भी हैं।

शैव तंत्रों के भी दो मार्ग हैं। अन्य तंत्रों की भांति ही 'वाम' और 'दक्षिण'।

शैव तंत्र ग्रन्थों में मुख्य हैं—

1. मूलावतार तंत्र
2. स्वच्छन्द तंत्र
3. कामिक तंत्र
4. नेत्र तंत्र
5. सम्मोहन तंत्र
6. भैरव तंत्र
7. गणकारिका
8. पाशुपत

2. वैष्णव तंत्र

इस तंत्र में लगभग दो सौ ग्रंथ हैं। अनेक प्रकाशित हैं तथा अनेक अप्रकाशित अवस्था में हैं। अप्रकाशित तंत्रों में बहुत-से तो तांत्रिक समुदाय में मौखिक चल रहे हैं।

'वैष्णव तंत्र' में 'आर्बुघ्न्य संहिता' प्रमुख ग्रंथ है। इसके अतिरिक्त 'नारद पंचरात्र' भी प्रमुख ग्रंथों में से है। ईश्वर संहिता, पौष्कर संहिता, परमसंहिता और भ्रमसंहिता आदि भी उल्लेखनीय रचनाएं हैं।

3. शाक्त तंत्र

शाक्त तंत्रों का भी विस्तार बहुत है। इसमें शक्ति के विभिन्न रूप और उपासना के अनेक प्रकार हैं। साहित्य भी इतना है कि सभी ग्रंथों के नाम गिनाना कठिन है। इसमें शिव और शक्ति का भोग है। इस तंत्र के साहित्य में अधिकांशतः 'त्रिपुर सुन्दरी' शक्ति के उपासक हैं।

शाक्त तंत्रों को रथक्रांत, विष्णुक्रांत और अश्वक्रांत—इन तीन विभागों में भी कुछ विद्वानों ने बांटा है। तीनों विभागों के चौंसठ-चौंसठ ग्रन्थ हैं।

अर्थात् चौसठ-चौसठ ग्रंन्थ इन तंत्रों के हैं। इन्हीं के आधार पर इनके मतानुयायी सिद्धियां करते हैं।

4. गाणपत्य तंत्र

गणेश जी की उपासना को लक्ष्य करके जो तंत्र-ग्रंथ रचना हुई है उन्हें गाणपत्य तंत्र कहा जाता है।

गणेश-पूजन का विधान समस्त पूजा-पद्धतियों में है।

प्रसिद्ध ग्रन्थ हैं—

शारदा तिलक, मन्त्र महोदधि, मन्त्र महार्णव, प्रपंच-सार आदि।

5. बौद्ध तंत्र

बौद्ध तंत्र विशेषज्ञों में भारत में आचार्य शान्त रक्षित तथा आचार्य पद्मसम्भव के नाम उल्लेखनीय हैं जिन्होंने चीन, तिब्बत आदि देशों में बौद्ध तंत्रों का प्रचार कराया तथा विहार बनवाये।

बौद्ध तंत्र के ग्रंथ भी प्रचुर मात्रा में हैं। बौद्ध तंत्रों में क्रिया तंत्र, अनुयोग तंत्र, योगतंत्र और चर्यायोग तंत्र आदि प्रमुख हैं।

6. जैन तंत्र

जैन धर्म के प्रथम तीर्थंकर, भगवान ऋषभदेव स्वयं ही जैन तंत्र के प्रवर्तक हैं। 'नागराज' इस तंत्र मार्ग के मुख्य और आदि तान्त्रिक हैं। जिन्होंने भगवान ऋषभदेव के पुत्र नेमिनाथ को 'आकाश गमन' की सिद्धि सिखलाई थी।

दिगम्बर जैन तंत्र ग्रन्थों में पांच सौ महाविद्याओं और सात विद्याओं का उल्लेख

है।

जैन तंत्रों में प्रमुख ग्रंन्थ निम्नलिखित हैं—

1. वसुदेव हिन्दी
2. त्रिषष्टिशलाका पुरुष
3. पंचम चरित्र
4. मन्त्रराज रहस्य
5. तंत्र लीलावती
6. रहस्यकल्पद्रुम
7. ज्वालिनीमत
8. विद्यानुशासन
9. सूरिमन्त्र कल्प
10. भैरव पद्मावती कल्प
11. अर्जुन पताका
12. यंत्र चिन्तामणि

इसी प्रकार अनेक आचार्यों के मौलिक ग्रंथ भी हैं तथा इन्हीं के आधार पर लिखे गये व्याख्या ग्रंथ हैं।

उपर्युक्त मतों से सम्बन्धित ग्रंथों के अतिरिक्त भी स्वतंत्र तंत्र ग्रंन्थ उपलब्ध होते हैं। जिनमें शावर, डामर आदि प्रमुख हैं।

शावर तंत्र की तो कई शाखाएं हैं, जिसकी सिद्धि बड़ी कठिन है।

तंत्रों के इतिहास पर दृष्टिपात करते हैं तो स्वयं सिद्ध हुआ पाते हैं कि इनका इतिहास बहुत पुराना है। तंत्र ग्रंथ प्राचीन ग्रंन्थ हैं। तंत्रमत अनेक हैं। सिद्धि मार्ग अनेक हैं।

तंत्र और विज्ञान

आज का युग वैज्ञानिक युग है। यों तो वेदों में आधुनिक विज्ञान से कहीं ऊंचाइयों को छूने वाला विज्ञान भरा है—फिर भी हज़ारों वर्षों के भीतर देखने पर आज विज्ञान ऊंचाइयों पर है।

आज मानव अन्धविश्वासी नहीं है।

हर चीज को विज्ञान के पैमाने से देखता है।

तंत्र को भी विज्ञान की ही आंख से देखने के लोग आदी हो गए हैं।

बहुतों को तो तंत्र अन्धविश्वास के सिवा और कुछ नहीं लगता है।

कुछ लोग प्रश्न करते हैं कि जब विज्ञान ने सारे भौतिक सुख दे दिये हैं, तो तंत्र साधनाओं की आवश्यकता क्या है ? ऐसे ही प्रश्न उठते हैं।

तंत्र विशेषज्ञों की ओर से इसका उत्तर यही है कि विज्ञान के सभी साधन एक-दूसरे पर निर्भर हैं। वैज्ञानिक साधनों का उपयोग स्वतंत्र रूप से नहीं हो सकता। तंत्र साधना द्वारा स्वतंत्र रूप से सिद्धि प्राप्त की जा सकती है। विज्ञान की सिद्धि चिरस्थायी नहीं है। विज्ञान भौतिक और बाह्य है। तंत्र साधनाएं आभ्यान्तरिक हैं और यह तो सभी मानेंगे कि स्वतंत्र मार्ग श्रेष्ठ होता है। विज्ञान का मार्ग स्वतंत्र नहीं है।

विज्ञान मनुष्य को दास बनाता है, बंधनों में कसता है।

तंत्र प्रकृति के निकट लाता है, बंधनों से छुड़ाता है। सभी पाशों से छुटकारा पाने को प्रेरित करता है।

तंत्रों के माध्यम से साधक अपनी साधना के द्वारा प्रकृति की चेतन और अचेतन सभी प्रकार की वस्तुओं में आकर्षण-विकर्षण उत्पन्न करके अपने अनुकूल बना लेता है। परमाणु से महत्तत्त्व तक—सबको अपने अधीन करता है। अपने अन्दर शक्ति भरता है। जो अनिष्ट तत्त्व हैं उन्हें हटाता है।

तंत्र बल और जप-तप से मानव इतनी शक्ति प्राप्त कर सकता है, उसकी चेतना शक्ति इतनी बढ़ जाती है कि बड़ी-से-बड़ी शक्ति से सम्पन्न तत्त्व भी उसके वश में हो जाते हैं।

तंत्र द्वारा शरीर और मन में अपार शक्ति आ सकती है जो विज्ञान से सम्भव नहीं है। भौतिक विज्ञान स्थूल शरीर को स्वस्थ कर सकता है किन्तु हमारे सूक्ष्म शरीर तक उसकी पहुंच नहीं है। तंत्र सूक्ष्म शरीर को भी शक्तिशाली बना सकता है। क्योंकि यह बाहरी नहीं, आन्तरिक विज्ञान है। इस विज्ञान का सम्बन्ध मन और आत्मा से है।

हमारे देश में तो तंत्र विज्ञान अत्यन्त उन्नत अवस्था में रहा है।

हमारे ऋषि-मुनियों और योगियों ने वे कार्य किये हैं जो आज के वैज्ञानिक भी नहीं कर सके हैं।

ऋषि-महर्षियों ने तंत्र विज्ञान का विकास अपने लिए ही नहीं, संसार के लिए किया। परोपकार की भावना से उपयोगी रसायन सिद्ध करते थे। वे स्वर्ण बना सकते थे। भांति-भांति की औषधियों को अभिमंत्रित करके उपचार करते थे।

सृष्टि में पांच भूत अर्थात् भौतिक तत्त्व हैं। आकाश, वायु, जल, पृथ्वी और तेज अर्थात् अग्नि—ये पांच तत्त्व हैं। एक वैज्ञानिक भी इन्हीं से नई-नई वस्तुओं का निर्माण करता है। तंत्र में भी इन्हीं से सिद्धियां की जाती हैं। पेड़, पौधे, पत्ते, शाखा, पुष्प, फल सभी साधनाओं में काम आते हैं, अभिमन्त्रित करके उपयोग में लाये जाते हैं।

इसी प्रकार पृथ्वी पर एकांत नदी, तट, मुर्दघाट, वृक्षों की छाया, वन्य प्रदेश, पर्वत शिखाएं तंत्र में उपयोगी हैं।

आधुनिक भौतिक विज्ञान के लिए जो रोग असाध्य हैं, उन्हें तंत्र वैज्ञानिक साधारण झाड़े से ठीक करते देखे गए हैं।

जो उपलब्धियां भौतिक विज्ञान से सम्भव नहीं हैं, उन्हें यह तंत्र सम्भव करता है।

अतः तंत्र का महत्त्व कम नहीं है। वैज्ञानिक कसौटी पर भी तंत्र खरा है।

तंत्र में उपयोगी साधन और उपकरण

प्रत्येक साधना में कुछ आवश्यक साधनों और उपकरणों की आवश्यकता होती है।

बिना साधानो के कोई निर्माण कार्य, कोई साधना या सिद्धि सम्भव नहीं है। भौतिक जगत में भी हम देखते हैं कि कुम्हार बिना मिट्टी के बर्तन नहीं बना सकता, लोहार यन्त्र नहीं बना सकता, किसान खेती नहीं कर सकता।

इसी प्रकार तंत्र साधना में भी सिद्धियों की प्राप्ति के लिए अनेक साधनों और उपकरणों की आवश्यकता है। सभी प्राकृतिक वस्तुओं को तंत्र में आवश्यकतानुसार काम में लाया जाता है। मुख्य रूप से तंत्र साधना में चार प्रकार के तत्त्वों को काम में लाया जाता है—

1. भौतिक
2. मानसिक
3. शारीरिक
4. दैविक

भौतिक

सृष्टि में पंचभूत अर्थात् पांच भौतिक पदार्थ—धरती, जल, तेज, वायु और आकाश हैं। इन्हीं से सारे भौतिक पदार्थों की रचना होती है। प्रकृति में इन्हीं का मिश्रण है। तंत्र-साधना में प्रकृति के इन्हीं भौतिक तत्त्वों से बनी चीजें उपयोग में लाई जाती हैं।

'जल' का तंत्र में विशेष उपयोग होता है। बिना जल के तंत्र साधना होती ही नहीं है। जल से ही स्वच्छता होती है, देवी-देवताओं की पूजा-अर्चना होती है, जल को ही मंत्रमय करके अकसर रोग निवारण में काम लाते हैं।

इसी प्रकार पृथ्वी तत्त्व का तो भरपूर सहयोग तान्त्रिक प्रयोगों व साधनाओं में

लेते हैं। तमाम यन्त्र पृथ्वी से प्राप्त धातुओं या पदार्थों से बनते हैं। उनमें पृथ्वी तत्त्व प्रधान होता है। पृथ्वी में मन्त्र-युत यन्त्र दबाते भी हैं। वृक्षादि भी पृथ्वी गुण से हैं।

आकाश तत्त्व का भी महत्त्व अत्यधिक है। साधना में मन्त्रों का उच्चारण होता है। मन्त्रों के उच्चारण से स्वर या शब्द होता है जो कि आकाश का गुण है।

वायु तत्त्व का गुण है गन्ध। सुगन्ध के लिए हम धूपबत्ती, हवन सामग्री, लोबान आदि से वायु को सुगन्धित करते हैं।

अग्नि का प्रयोग तो दीप जलाने, हवन करने, धूपबत्ती या गूगुल, लोबान आदि जलाने में होता ही है।

इन पांचों भौतिक पदार्थों का प्रयोग तंत्र साधना में उपयोगी और आवश्यक है।

उपकरणों को भी इसी श्रेणी में रक्खा जा सकता है।

साधारणतः तंत्र साधना में उपयोगी उपकरण हैं—जल, गंध, आसन, चावल, फूल, गुलाल, धूप, दीप, नैवेद्य, फल आदि वस्तुएं। ये सभी भौतिक पदार्थ हैं।

इन पदार्थों और उपकारणों पर भी विचार कर लेना आवश्यक है। क्योंकि तांत्रिक सिद्धियों के लिए पहले इन्हीं की आवश्यकता पड़ती है।

1. जल

जल सदैव स्वच्छ और शुद्ध ही लेना चाहिए। कुएं, नल या नदी से प्राप्त जल को प्रथम देख लेना चाहिए कि उसमें गन्दगी और कीटाणु तो नहीं हैं।

2. गन्ध

गन्ध के लिए चन्दन, केशर, कस्तूरी, सिन्दूर आदि का सहारा लेते हैं। माथे पर तिलक लगाना, बांहों पर सिन्दूर लगाना आदि गन्ध के लिए हैं। अपने-अपने इष्टदेव के प्रतीक तिलक, छापे लगाए जाते हैं।

3. धूप

अग्नि में सुगन्धित वस्तुओं को डालने से वायु में सुगन्ध फैलती है। इससे वातावरण महक उठता है जिससे सबका मन प्रसन्न होता है।

अपने इष्टदेव के समक्ष या किसी भी पूजा कर्म में धूप लगाने का विधान है। वैदिक धर्म में हवन-यज्ञ इसी उद्देश्य से किए जाते हैं। धूप यज्ञ का ही रूप है। इसमें भी वही उद्देश्य निहित है।

तान्त्रिक साधनाओं में धूप जलाते हुए जप कार्य सम्पन्न करते हैं।

4. चावल

चावल या अक्षत का प्रयोग भी पूजा में होता है। तांन्त्रिक साधनाओं में भी चावल काम में लाया जाता है। चावल साफ, शुद्ध और साबुत होना चाहिए। प्रयोग में लाने के लिए उनमें सिन्दूर, हल्दी, कुंकुम मिलाकर घृत से चिकना कर लेते हैं, केशर से भी चावलों को रंगते हैं।

5. दीप

दीप या दीपक का तान्त्रिक साधना में विशेष महत्व है। यह अग्नि का प्रतीक है। पूजा के समय दीपक अवश्य जलाया जाता है। भिन्न-भिन्न कर्मों के लिए दीप भी भिन्न तरीकों से प्रयोग में लाते हैं। तंत्र ग्रंथों के अनुसार दीप का प्रयोग विधानानुसार ही करना चाहिए। 'दीपदान' भी उत्तम तान्त्रिक विधि है। दीपदान से षट्कर्म साधना आसान हो जाती है। दीपदान का महत्त्व सभी उपासना कर्मों में है। पूजन से पहले और पूजन के बाद दीपदान किया जाता है। इसके अतिरिक्त किसी विशेष उद्देश्य के लिए भी दीपदान होता है।

दीपदान तान्त्रिक की देख-रेख में माह, तिथि या विशेष दिन को ध्यान में रखकर करते हैं।

दीपदान के लिए निम्नलिखित सामग्री की आवश्यकता है—

1. गाय का घी, हो सके तो कपिला गाय का।
2. विधि के अनुसार दीप-पात्र
3. गाय का गोमय
4. आवश्यक बत्तियां
5. साबुत चावल
6. आधार यन्त्र
7. लाल फूल (पंच पत्तियां)
8. लाल रेशमी कपड़ा
9. एक जोड़ी कपड़े
10. सुपारी
11. सिन्दूर

12. अष्टगंध
13. चन्दन
14. नारियल
15. ऋतुफल
16. पकाए हुए उड़द और चावल
17. नैवेद्य
18. भैरव दण्ड

तथा अन्य पूजन सामग्री, दियासलाई, चाकू आदि।

अलग-अलग कामनाओं और कर्मों के लिए अलग-अलग अनुपात, संख्या या तोल में चीज़ों का विधान दीपदान के लिए है। यह किसी सुलझे हुएं तांत्रिक की देख-रेख में करें या करायें।

6. आसन

'आसन' आमतौर से उसे कहा जाता है जिस पर साधनाकाल में या अनुष्ठान के समय बैठते हैं या पूजा-पाठ करते हैं। बिछाने के लिए यह कोई मृगछाला, चटाई या कुशासन होता है। कभी-कभी लकड़ी की पटरी भी होती है या चौकी काम में लाते हैं।

यह आसन साफ-सुथरा और ऐसा हो कि बैठने में आसानी रहे। रंग का भी प्रभाव होता है। इष्टदेव के अनुसार ही आसन का रंग होता है। कर्म के अनुसार भी आसन का रंग हो, ऐसा भी विधान तंत्र शास्त्रों में है।

उपासना में बैठने का ढंग भी 'आसन' कहलाता है।

बैठने की विधि या आसन के सम्बन्ध में भी हम यही कहेंगे कि जिस ढंग से आप अधिक-से-अधिक देर तक सुखपूर्वक बैठ सकें, वही आसन अपनायें। आप सुखासन, पद्मासन, सिद्धासन, अर्द्ध पद्मासन में बैठ सकते हैं।

7. पुष्प

फूल या पुष्प भी तंत्र साधना और अनुष्ठान में काम में लाये जाते हैं। कुछ पुष्प निषिद्ध भी हैं। किन्तु कुछ पुष्प ऐसे हैं जो कि तंत्र में अधिक उपयोगी हैं। अलग-अलग साधनाओं के लिए, अलग-अलग कामनाओं के लिए पुष्प भी अलग-अलग

लिए जाते हैं।

पुष्प वे लेने चाहिये जो पहले न चढ़े हों, बासी न हों, उनमें कीटाणु न हों, वे गन्दे न हों, कटे-फटे न हों, स्वयं डाल से टूटकर भूमि पर न गिरे हों। पुष्प अधूरा अर्थात खंडित न हो।

पुष्पों को अभिमंत्रित करके काम में लाना चाहिए।

8. घी या तेल

नित्य पूजन तथा दीपदान में घी या घृत का प्रयोग करते हैं। घी न होने पर तेल भी काम में लेते हैं। सर्वश्रेष्ठ घी गाय का होता है। गाय का घी सर्वसिद्धिकारक माना जाता है। अलग-अलग कर्मों के लिए भी अलग-अलग प्रकार के घृत या तेलों का प्रयोग होता है। जैसे भैंस का घृत मारण में, ऊंटनी का विद्वेषण में लेते हैं। शांति कर्म में भेड़ का और उच्चाटन में बकरी का घी लेते हैं।

इसी प्रकार से जिस कामना के लिए अनुष्ठान या पूजा की जाती है, उसके अनुसार घी या तेल की माप तंत्र में 'पल' होती है। यह 'पल' वजन का माप है। पात्र जितने पल का हो, तेल या घृत उससे अधिक ही रखा जाता है।

जिस पात्र को दीपक बनाते हैं वह भी अलग-अलग कामनाओं के लिए अलग-अलग धातु या पदार्थों का होता है।

बहुधा तांबे, कांसे, सोने, चांदी, आटे या मिट्टी का दीप पात्र बनाते हैं। मारण में लोहे का भी बनता है।

9. बाती

दीप के लिए बत्तियों की लम्बाई अंगुल से तय करते हैं।

दीपदान में बत्तियों की गिनती और लम्बाई का ध्यान रखा जाता है। बत्तियां सूत की डोरी से बनती हैं। डोरी या सूत साफ-स्वच्छ धोया हुआ होता है। डोरी का भी रंग और तन्तु भिन्न-भिन्न कर्मों में भिन्न-भिन्न होता है। रंगीन न होने पर सफेद से काम चल सकता है।

10. नैवेद्य

नैवेद्य, चरणामृत को कहते हैं। इष्ट देव को जो खाने-पीने की वस्तुएं समर्पित की जाती हैं, वे ही चरणामृत कहलाती हैं। इनमें फल, अन्न, दूध, कसार, मीठा आदि

होते हैं।

नैवेद्य को भी कर्मों के आधार पर बनाते हैं। जिस देव का जो भोज्य पदार्थ प्रिय माना जाता है, उसकी उपासना में वही काम में लाया जाता है।

देवताओं के लिए बलि का विधान है।

बलि का अर्थ जीव-हत्या नहीं है।

तंत्र के अच्छे और मौलिक ग्रंथों में पशु-मानव आदि की हत्या का कहीं उल्लेख नहीं है जैसा कि दुष्ट लोग करते हैं। ये चीज़ें बाद में जोड़ी गई हैं।

बलि में भी भोज्य पदार्थ ही रहते हैं। कुछ देवताओं की उपासना में दही, उड़द आदि का विधान है तो कहीं खिचड़ी। कहीं खीर तो कहीं अन्य कुछ।

(भाग-2)

तंत्र, मंत्र एवं यंत्र का सामंजस्य

तंत्र, मंत्र एवं यंत्र एक-दूसरे के पूरक हैं। प्रत्येक तांत्रिक को कुछ मंत्र याद करने पड़ते हैं जो पूजा, उपासना और कर्म साधना में काम में लाए जाते हैं। बिना मंत्रों के तो कोई कार्य चल ही नहीं सकता।

तंत्र-साधनाओं में प्रत्येक वस्तु को अभिमंत्रित करना पड़ता है; वह फूल हों, अक्षत हों या जल हो।

इसलिए तांत्रिक को मांत्रिक भी होना ही चाहिए।

इसी प्रकार यंत्र की आवश्यकता तांत्रिक को पड़ती है। यांत्रिक को भी मंत्रों की आवश्यकता रहती है, क्योंकि यंत्र को भी मंत्र से सिद्ध किया जाता है।

यंत्र सिद्धि करने के लिए तांत्रिक क्रियाएं करनी पड़ती हैं।

अतः यह एक सर्वमान्य बात है कि तंत्र, मंत्र और यंत्र एक दूसरे पर निर्भर हैं तथा पूरक हैं। एक के बिना दूसरा अधूरा ही है।

कुछ लोग स्वयं को केवल यांत्रिक कहते हैं, कुछ लोग यंत्र सिद्ध बने हैं। वास्तव में वे सब केवल तांत्रिक हैं। क्योंकि तांत्रिक होता ही वह है जो मंत्र-शास्त्री भी है तथा यंत्रों को अभिमंत्रित करने में समर्थ है।

उदाहरण के लिए एक 'तांत्रिक अंगूठी' है उसे कौन तैयार करता है ?

यांत्रिक यह नहीं कह सकता कि इसे उसने बिना मंत्रों के बिना तंत्र क्रियाओं के अभिमंत्रित या सिद्ध कर दिया है। तांत्रिक ने तो उसे बनाया ही 'यंत्र' है।

तंत्र के विषय में तो पाठकों ने पढ़ लिया है। अब मंत्रों और यंत्रों की भी संक्षिप्त जानकारी देना हम उचित समझते हैं।

मंत्र क्या है ?

'मंत्र' का उद्गम वेद है। वेद से प्राचीन कोई अन्य ज्ञान नहीं है। वेदों में मंत्र हैं। वेद मंत्रों के रचयिता ईश्वर हैं। ऋषियों के हृदय में ईश्वर ने ज्ञान का प्रकाश किया।

इस प्रकार वेद मंत्र संहिताएं ईश्वर कृत हैं। मंत्रार्थ कई ऋषियों ने किये हैं। मंत्रों का प्रयोग मनन के कारण हुआ है। कुछ ऐसे पदों, वाक्यों, शब्दों या वर्णों, जिनसे अभीष्ट या इच्छित कार्य सिद्ध होता है, यही 'मंत्र' हैं।

इस प्रकार मंत्र की परिभाषा इस प्रकार भी कर सकते हैं—

'मंत्र' उस वर्ण समुदाय को कहते हैं जो समस्त विश्व के विज्ञान की उपलब्धि, संसार के बंधनों से मुक्ति दिलाने के कार्य को उत्तम पकार से कराते हैं।

मंत्र एक ऐसी सूक्ष्म शक्ति है जो सभी देवों को वश में करती है।

मंत्र-चिन्तन से अन्तर्मन पर प्रभाव होता है। उसके द्वारा आत्मा में स्फुरण होता है। इससे मोक्ष की प्राप्ति हो सकती है।

कई विद्वान गुरु के द्वारा किये गए संक्षिप्त गुप्त उपदेशों को मंत्र कहते हैं तो किसी ने उन अक्षर-रचनाओं को मंत्र कहा है जो पठन करने से सिद्ध होते हैं।

यंत्र क्या है ?

मंत्र में शक्तियों का नियंत्रण है। यह शक्तियों का पुंज है। साधक यंत्र से अपनी साधना-उपासना के बल पर पर्याप्त शक्ति प्राप्त करता है। उनकी वृत्तियों को नियंत्रित करके किसी 'आकार' या मंत्र (मूर्ति आदि) में इष्ट की भक्ति-भावना करता है तो साधक का उपकार एवं उद्धार होता है।

मनुष्य सदैव से दैवी शक्तियां प्राप्त करने का प्रयास करता रहा है और किया भी है। साधना-उपासना से ये शक्तियां प्राप्त होती हैं।

उपासना की अनेक पद्धतियां रही हैं। सगुण उपासना में मूर्ति पूजा और मूर्ति में भी मंत्र रूपी मूर्ति का चलन उपासकों में अधिक रहा है।

यंत्रोपासना के कई प्रकार होते हैं। अपने सामने यंत्र को रखकर उसमें देवता की आह्वान आदि पद्धति से प्रतिष्ठा करते हैं और देवता को प्रसन्न करते हैं। इसी प्रकार सिद्ध किये हुए अभिमन्त्रित यंत्रों को शरीर के किसी अंग पर धारण करके अपने इष्ट को प्रसन्न करते हैं और वे मनोकामना को पूर्ण करते हैं।

उपर्युक्त परिभाषाओं और यंत्र-मंत्र के परिचय से यह सिद्ध हो जाता है कि तंत्र साधना में मन्त्र और यन्त्र दोनों की आवश्यकता है। ये दोनों परस्पर पूरक हैं और एक के बिना अन्य अधूरे हैं।

तीनों को मिलाकर ही तांत्रिक सिद्धियों के लिए प्रयास किया जाता है।

कुछ तांत्रिक सिद्धियां

'तंत्र' को समझाने के पश्चात कुछ तांत्रिक सिद्धियों के विषय में लिखना भी हम उचित समझते हैं।

'योग' से जिस प्रकार सिद्धियों की उपलब्धि होती है उसी प्रकार तंत्र विद्या से भी सिद्धियां प्राप्त होती हैं।

मनुष्य वह प्राप्त करता है जो सामान्यतया स्वाभाविक रूप में नहीं पाता है।

तंत्र साधना कई प्रकार के कर्मों के लिए की जाती है।

वे कर्म इस प्रकार हैं—

1. शान्ति कर्म
2. वशीकरण
3. मोहन
4. आकर्षण
5. इन्द्रजाल
6. उच्चाटन
7. यक्षिणी साधन
8. रसायन कर्म
9. मारण
10. पशुमय निवारण
11. बाजीकरण
12. स्तम्भन
13. ग्रह एवं भूत-प्रेत निवारण
14. विष उतारना

प्रायः इन्हीं कर्मों को सिद्ध करने के लिए तंत्र कर्म किये जाते हैं।

इनके अतिरिक्त भी कुछ बाधाएं होती हैं जिनके निवारणार्थ तंत्र साधना की जाती है।

भगत-ओझा बहुत से कार्य जनसामान्य के बीच करते देखे जाते हैं।

किसी कर्म को करने से पूर्व यह निश्चय कर लेना चाहिए कि उस कर्म से लोकोपकार होता है या नहीं ?

किसी का अहित तो नहीं है ?

किसी का अनिष्ट तो उससे नहीं हो रहा है ?

यह विचार आवश्यक है। क्योंकि गलत ढंग से किये गए प्रयोग से विपरीत परिणाम भी हो सकते हैं। इसलिए आवश्कता है सावधानी की। अनाड़ी साधक या तांत्रिक द्वारा किया गया प्रयोग स्वयं को ही नष्ट कर देता है।

कुछ द्वेष, ईर्ष्या एवं जलन से 'मारण' कर्म करते हैं।

यह अनुचित भी है और खतरनाक भी। स्वयं को भी खतरा हो सकता है। अपने-आपसे जितना बन पड़े, ऐसे ही कार्य और साधनाएं करनी चाहिए जिनसे लोक कल्याण और परोपकार हो सकता हो।

भलाई तथा परोपकार के कर्म में हिचकिचाना नहीं चाहिए।

कुछ विद्वान तांत्रिक कर्मों को उत्तम, मध्यम और सामान्य में बांटते हैं।

उत्तम में वे कर्म हैं जो आध्यात्मिक हैं, देवोपासना द्वारा उच्चता की प्राप्ति कराने वाले हैं।

मध्यम वे हैं जो सांसारिक विषयों की सिद्धि कराते हैं। अपने और दूसरों के भले के लिए साधक कुछ श्रेष्ठ कर्म सिद्धियां करते हैं।

सामान्य में साधारण लौकिक कर्म आते हैं।

कल्याणकारी, पवित्र एवं लोकोपकार के कर्म करने वाला सदैव पुण्य का भागी होता है और किसी लोभ-लालच में पड़कर अनुचित एवं अनिष्ट कर्म करने वालों की अन्त में दुर्गति होती है। बहुत से तांत्रिकों की दुर्गति इसीलिए अन्तिम दिनों में होती है कि उनके दिल में दया, क्षमा, परोपकार की भावना का लोप हो जाता है। ऐसी भावनाओं का लोप उन लोगों में होता है जो धन के लोभी होते है या मांस, मदिरा आदि का प्रयोग पीने-खाने में करते हैं। ऐसे लोगों की प्रवृत्ति हिंसक होती है।

अतः तांत्रिक साधना में रत लोगों को चाहिए कि सात्त्विक भोजन करें, सदाचारी

रहें और क्षण-भर को भी ईश्वर या आत्मातत्त्व को न भूलते हुए लोकोपकार की भावना बनाए रहें।

नित्य कर्म

'नित्य कर्म' का भी तांत्रिक साधना पर गहरा प्रभाव पड़ता है।

जो लोग देर से उठते हैं, आलसी हैं, शरीर को स्वच्छ एवं निरोग नहीं रख सकते हैं; वे कभी साधना में सफल नहीं हो सकते।

योग मार्ग में 'यम' 'नियम' का जो महत्त्व है, वही तंत्र मार्ग में नित्य कर्मों का है।

नित्य कर्म को स्पष्ट करें तो यह 'नियम' का 'शौच' और 'ईश्वर प्रणिधान' से मिलता-जुलता है।

'शौच' को इसमें विस्तार से लिया गया है। सुबह जल्दी उठना चाहिए। इसके बाद तांत्रिक अपने हाथों को देखते हुए—

'कराग्रे वसते लक्ष्मीः करमध्ये सरस्वती।
करमूले स्थितो ब्रह्मा, प्रभाते कर दर्शनम्॥'

इस मंत्र को बोलें।

इसक बाद पांव भी ज़मीन पर मंत्र बोलते हुए रखने का विधान है।

यहां तक कि तंत्र शास्त्रों में जनेऊ कान पर टांगने, मल-त्याग करने, दातून करने, स्नान करने के समय बोलने के भी मन्त्र हैं, जो कि तंत्र साधक को याद होने चाहिए।

सब कार्य नियमित और समय पर होने चाहिए।

स्वच्छता एवं पवित्रता का विशेष महत्त्व है।

सभी प्रकार से स्वच्छ, पवित्र हो, यज्ञोपवीत धारण करके, मृगछाला या अन्य प्रकार के आसान पर बैठकर आचमन करें।

तत्पश्चात देवोपासना की जाती है।

तिलक आदि का भी विधान अनेक शास्त्रों में है। तिलक चन्दन आदि का लगाया जाता है।

नित्य कर्मों में हवन भी आता है। हवन की सामग्री में भी भिन्न-भिन्न कर्मों में भिन्न-भिन्न वस्तुएं होती हैं।

भिन्न इष्ट या उपास्य

तंत्र साधना में तान्त्रिक या साधक अपने इष्ट को प्रसन्न करके उससे मनवांछित कामनाओं की पूर्ति करते हैं।

तंत्र का क्षेत्र असीम है।

असंख्या देवता और उपास्य हैं।

जितने भी तंत्र मार्ग हैं, सभी के इष्टदेव भी अलग-अलग हैं। एक-एक तंत्र के भी कई-कई इष्ट हैं।

प्रायः तंत्र में निम्नलिखित देवों की ही अधिकांशतः उपासना होती है—

1. शिव
2. गणेश
3. महाकाली
4. लक्ष्मी
5. कुबेर
6. भैरव
7. दुर्गा
8. शनि आदि ग्रह
9. तारा देवी
10. पिशाचिनी
11. बगलामुखी

तथा अन्य अनेक उपास्य देवी-देवता। इन्हीं को प्रसन्न करके या सिद्धि प्राप्त करके साधक अपनी मनोकामनाएं पूर्ण करता है।

सर्व प्रथम हम इन्हीं इष्ट देवों को प्रसन्न करने या इनकी उपासना-साधना द्वारा सिद्धियां प्राप्त करने की विधियां लिखते हैं।

तारा सिद्धि

'तारा सिद्धि' के लिए किसी भी महीने के शुक्ल पक्ष से साधना प्रारम्भ की जा सकती है। इससे बौद्ध तंत्र की विशेष उपास्य देवी तारा की सिद्धि होती है। इस सिद्धि के लिए साधना रात्रि में नौ बजे से तीन बजे के बीच होती है।

तारा सिद्धि

साधना के लिए एकान्त कमरा ठीक रहता है। उस कमरे की दीवारें और छत गुलाबी रंग से पुती होनी चाहिए। कमरा साफ-शुद्ध होना चाहिए। धोकर उसे साफ और यथा सम्भव पवित्र कर लेना चाहिए।

सामान— तारा साधना के लिए निम्नलिखित सामान का प्रबन्ध करना आवश्यक है—

1. दो फुट लम्बा, दो ही फुट चौड़ा, तख्ता या चौकी, जो कम-से-कम भूमि से छः इंच ऊंची हो ।

2. चौकी पर बिछाने के लिए गुलाबी कपड़ा ।

3. गुलाबी रंग का सूती आसन या बिछावन ।

4. गुलाबी रंग में रंगे आधा किलो चावल ।

5. गुलाबी रंग में रंगी रूई ।

6. एक बड़ा दीपक

7. घी

8. सुपारियां

9. कलश, जो गुलाबी रंग में रंगा हो ।

10. लौंग, इलायची, गंधक।

विधि— सर्व प्रथम कमरे में उचित स्थान पर चौकी रखिए। उसके पास आसन को बिछाइए जो गुलाबी रंग का हो। चौकी पर गुलाबी कपड़ा बिछा दीजिए और उसके ऊपर गुलाबी रंगे चावलों से अष्ट दल कमल बनाना है। साधक का मुख उत्तर दिशा की ओर होना चाहिए। चौकी भी साधक के सामने होती है। चावलों से अष्टदल बनाने के बाद बीच में दीप रख दें जिसमें देशी घी भरा हो और गुलाबी रंग में रंगी रूई से बनी बत्ती हो।

उस अष्टदल के सामने चावलों की सात छोटी-छोटी ढेरियां बना दीजिए। प्रत्येक ढेरी पर एक-एक सुपारी और एक-एक कपूर की टिकिया रख दें। पिसी हुई गंधक की ढेरी बनाकर उसके ऊपर भी एक दीपक रख दिया जाता है। दीपक के सामने सात बताशे भी रखते हैं। सातों ढेरियों पर एक-एक लौंग और इलायची रख देनी चाहिए।

चौकी पर एक ओर से गुलाबी रंग में पुता वह कलश भी रख दीजिए। उस कलश में जो पानी भरें वह भी गुलाबी हो। कलश अधिक बड़ा भले ही न हो, केवल आधा किलो पानी का बहुत होता है।

उस साधना कक्ष में जो बल्ब आप जला रहे हैं वह गुलाबी हो। फर्श भी गुलाबी रखते हैं।

यह साधना प्रारम्भ करने के लिए शुक्ल पक्ष का गुरुवार हो और रात्रि का समय हो।

सर्वप्रथम स्नान कीजिए, जनेऊ बदल लीजिए। गुलाबी रंग में रंगा हुआ जनेऊ पहनिए। गुलाबी रंग से रंगी धोती पहन लीजिए। दूसरी छोटी धोती आप ओढ़ सकते हैं। वह भी गुलाबी होनी चाहिए।

दरवाजा बन्द कर लें किन्तु सांकल आदि न लगायें।

कलश से जल लेकर तीन बार आचमन करें और प्राणायाम भी कर लें।

फिर दाहिने हाथ में जल लेकर संकल्प करें—

'आज से चौदह दिनों तक मैं नित्य एक सौ एक बार तारा मंत्र की माला फेरूंगा। यह मैं नित्य रात्रि को नौ बजे से प्रारम्भ करूंगा और माला की इस संख्या को पूर्ण करके यहीं आसन पर सो जाऊंगा। भोजन एक ही बार दिन में कर लूंगा। न झूठ बोलूंगा, न चारपाई पर सोऊंगा, न कोई व्यापार आदि इन दिनों करना है। ब्रह्मचर्य व्रत का पालन करते हुए पूरी निष्ठा से तारा सिद्धि करूंगा।'

अष्टदल कमल के चारों ओर आपको तारा यन्त्र बना ही लेना है।

आसन पर बैठकर ठीक समय माला फेरनी है। दीपक जला लेने हैं।

तारा मंत्र का जाप माला के फेरने के साथ-साथ करें।

माला रुद्राक्ष के मनकों की हो।

माला में मनके 108 हों।

तारा मंत्र यह है—

'ॐ तारा तूरी स्वाहा।'

होंठों-ही-होंठों में मंत्र जपिए।

मंत्र बोलते-बोलते माला को सौ बार फेरें ।

लगभग तीन-चार बजे तक माला पूरी हो जायेगी।

तब उसी आसन पर सो जाइए।

इस प्रकार तारा सिद्धि का अनुष्ठान करते हैं।

तारा देवी का चित्र आपकी कल्पना में होना चाहिए।

आपका मन एकाग्र और पूर्णरूप से संयमित हो।

मन में भय, शंका या अविश्वास की तनिक भी भावना न रहे।

नियमपूर्वक इस अनुष्ठान को करें।

आपके साधना कक्ष में कोई प्रवेश न करे।

जिस समय साधना-कक्ष में जप में लगे हों, प्यास लगे या पेशाब की हाजत हो, आसन से न उठें। एकाग्रचित्त होकर जाप में लगे रहें।

चौदह दिन पूरे होने से पूर्व ही कई बाधाएं आ सकती हैं।

जैसे—आपके दरवाजे पर थपकियां पड़ सकती हैं, ईंट-पत्थरों की बौछार हो सकती है, तरह-तरह की आवाजें सुनाई दे सकती हैं, डरावनी आकृतियां आंखों के आगे दिखाई पड़ सकती हैं।

किसी भी परिस्थिति में आप डरें नहीं।

आपको ऐसी भयानक आकृति भी दीख सकती है कि आप डरकर बेहोश हो सकते हैं। जैसे—एक विशाल डील-डौल वाली स्त्री, बिखरे बाल, बड़ी-बड़ी आंखें, लम्बे-लम्बे दांत, हाथ में कटा हुआ सिर, उससे टपकता खून, उसका चेहरा डरावना और चाल भी डरावनी।

आपके चेहरे पर भय का कोई चिह्न नहीं आना चाहिए। आप पूर्णरूप से अपने मन पर काबू रक्खें। बिलकुल न डरें।

अनेक साधकों के साथ ऐसा हो सकता है कि वह भयंकर आकृति वाली स्त्री छाती में लात मार सकती है। शरीर से नोच कर गोश्त खा सकती है।

आप निश्चिन्त, निर्भीक बने हुए, अपने जाप में लगे रहें। बोलें भी नहीं। अपने मंत्र जाप के सिवा कुछ भी न कहें। पूरे होश में रहें।

निश्चित रूप से सफलता प्राप्त होगी।

आपको बुखार आ सकता है, कोई अन्य अस्वस्थता हो सकती है, फिर भी अपने अनुष्ठान में विघ्न न पड़ने देना है। आप विश्वास रक्खें, जब सुबह उठेंगे तो न मांस नोचा मिलेगा, न रक्त निकला हुआ।

चौदहवें दिन आपको सफलता मिल जायेगी।
आप तारा सिद्धि में सफल होंगे।
अपूर्व सुन्दरी के दर्शन होंगे।
वही आपकी उपास्या देवी है।

उस सौंदर्य और यौवन की मूर्ति से मुग्ध न हों। विचलित न हों। संयम न टूटे। मन न डोल जाये।

जब वह साधक की मनोकामना पूछे तो साधक यही कहे कि वह उसे वासना रहित प्रेम करेगा। वह उसकी मनोकामना पूर्ण करती रहेगी।

इस प्रकार 'तारा सिद्धि' सम्पन्न हो जाती है और साधक जो इच्छा करता है, वह पूरी कर देती है।

सिद्धि प्राप्त होने के उपरान्त कभी भी उसका दुरुपयोग न करें तथा अनुचित मांग न करें। जितना भी हो सके, लोकोपकार की बातें सोचें। निजी स्वार्थों को पूरा न करें। अत्यन्त आवश्यक हो तो भी अपने लिए करें।

दुरुपयोग करने, स्वार्थी हो जाने, घमण्ड आ जाने पर सिद्धियां नष्ट हो जाती हैं।

अष्ट लक्ष्मी साधना

धन-सम्पदा नष्ट हो जाने, घाटा आ जाने, दिवाला निकलने या अत्यन्त गरीब हो जाने पर लक्ष्मी साधना करके श्री सिद्धि की जाती है।

'अष्ट लक्ष्मी' का अर्थ है आठों प्रकार की लक्ष्मियां।

आठ लक्ष्मियां हैं—

1. धन लक्ष्मी
2. आयु लक्ष्मी
3. यश लक्ष्मी
4. सन्तान लक्ष्मी
5. धरा लक्ष्मी
6. दरिद्रता निवारक लक्ष्मी
7. व्यापार लक्ष्मी
8. वाहन लक्ष्मी

इन आठ प्रकार की—'अष्ट लक्ष्मी' की साधना, अनुष्ठान करने के लिए पण्डितों, तांत्रिकों की आवश्यकता होती है।

यह अनुष्ठान स्वयं अकेले नहीं होता है।

बहुत से तांत्रिक इस अनुष्ठान को कराने के ऐवज में लोगों से बहुत धन ऐंठ लेते हैं जो अनुचित है।

होना यह चाहिए कि आवश्यक सामान ही मंगवा लेना चाहिए।

अपने लिए तो अन्त में स्वेच्छा से दी हुई दक्षिणा लेनी चाहिए ।

अनुष्ठान कराने वाले यजमान को भी चाहिए कि वह तांत्रिक एवं पण्डितों को यथोचित सम्मान एवं दक्षिणा प्रदान करे।

अष्ट लक्ष्मी साधना में ग्यारह कलश स्थापित करने पड़ते हैं और आठ छोटे-

छोटे तख्तों पर आठ यंत्र बनाये जाते हैं। यंत्र चावलों से ही बनाए जाते हैं।

यत्रों के नाम इस प्रकार होते हैं—

1. श्री यंत्र
2. लक्ष्मी यंत्र
3. ऐश्वर्य यंत्र
4. कनकधारा यंत्र
5. कुबेर यंत्र
6. घंटाकरण यंत्र
7. वरदा यंत्र
8. स्थायित्व यंत्र

आठों ही यन्त्रों पर अष्टलक्ष्मी की अलग-अलग प्रतिमाएं चांदी की बनवाकर स्थापित करते हैं। तांत्रिक यंत्रों की पूजा और उन्हें अभिमंत्रित करता है। कनक धारा मंत्र को अभिमंत्रित करने और जप-अनुष्ठान करने के लिए एक, दो या तीन पण्डित हो सकते हैं। शेष के लिए एक-एक ही बहुत हैं इस प्रकार दस-ग्यारह पण्डित होते हैं जो अलग-अलग मन्त्रों के जाप करते हैं।

'कनकधारा' प्रमुख लक्ष्मी सिद्धि की देवी है, इसी को सिद्ध करना सर्व श्रेष्ठ और अत्यन्त आवश्यक होता है।

पूजन, अभिमंत्रण के साथ ही संकल्प किया जाता है।

संकल्प इस प्रकार है—

'ॐ विष्णु-विष्णु तत्षद मम सकल विध विजयश्री सुख-शान्ति, धन-धान्य यश पुत्र प्राप्तये स्मज्जन्म जन्मान्तरीय कुलार्जित संचित महादुख-दारिद्र्यतादि शान्तये व कनकधारा यंत्रपूजनमहं करिष्ये।'

इस संकल्प के पश्चात् कनकधारा विनियोग मंत्र होता है। अलग-अलग लक्ष्मियों से सम्बन्धित विनियोग भी अलग-अलग होते हैं, अलग-अलग पण्डित अलग-अलग विनियोग मन्त्र बोलते हैं। वे मन्त्र होंठों में ही बोलते हैं। अलग-अलग यंत्रों के सामने अलग-अलग पण्डित बैठते हैं और वे अनुष्ठान सम्पन्न करते हैं।

यहां हम कनकधारा के सम्बन्ध में लिख रहे हैं। यह अनुष्ठान श्रेष्ठ तान्त्रिक से करायें जो अष्टलक्ष्मी अनुष्ठान कराना जानता हो। 'कनकधारा' की भांति अन्य यन्त्रों के भी सब विनियोग, ध्यान और मंत्र होते हैं।

कनकधारा विनियोग इस प्रकार है—

'ॐ अस्य श्री कनकधारा यंत्र मंत्रस्य श्री आचार्य श्री शंकर भगवत्पाद ऋषिः श्री भुवनेश्वरी ऐश्वर्यदात्री, महालक्ष्मी देवता श्री बीजं ह्रीं शक्ति, श्री विद्याः रजोगुण, रसनाज्ञानेन्द्रियं रसवाक कर्मेन्द्रिय मध्यमं स्वरं द्रव्य तत्त्वं विद्या कला ऐं कीलनंब्रू उत्कलनं प्रवाहिनी संचयमुद्रा ममक्षेमस्थेर्यायुरारोग्याभि वृद्धयर्थ श्रीमहालक्ष्मी अष्टलक्ष्म्ये भगवती दारिद्र्य विनाशक धनदालक्ष्मी प्रसाद सिद्ध्यर्थ च नमोयुक्त वागबीज स्वबीज लोम-विलोम पुटितोक्त त्रिभुवन भूतिकरी प्रसीद मह्यम्माला मंत्रजपे विनियोगः।

यह कनकधार विनियोग है।

अन्य यन्त्रों के विनियोग मन्त्र अलग हैं।

कनकधारा ध्यान निम्नलिखित है—

सरसिज निलये सरोज हस्ते
धवल तमांशुकगन्धमाल शोभे
भगवति हरि वल्लभे मनोज्ञे
त्रिभुवन भूति करि प्रसीद मह्यम्॥

अब कनकधारा मंत्र लिखते हैं—

कनकधारा मंत्र

'ॐवं श्रीं वं ऐं ह्रीं श्रीवली कनकधाराये स्वाहा।'

आठ दिनों तक यह जप-अनुष्ठान होता है और नवें दिन हवन-यज्ञ होता है।

यह यज्ञ तांत्रिक की देख-देख में होता है। इसमें विशेष प्रकार के मंत्रों से सामग्री आहुतियां देते हैं। पर्याप्त सामग्री और घृत यज्ञ में व्यय करना चाहिए।

यज्ञ भलीभांति सम्पन्न होने पर अनुष्ठान पूरा हो जाता है।

इस अनुष्ठान और यज्ञ का फल अत्यन्त उपयोगी रहता है।

धन-धान्य और व्यापार में उन्नति होती है, घर में लक्ष्मी की वृद्धि होती है।

अष्टलक्ष्मी यंत्र बनवाकर आप अपनी दूकान, कार्यालय अथवा घर में लगा सकते हैं। इस प्रकार तंत्र की इस साधना से आप पूर्ण लाभ उठा सकते हैं।

बगला या वल्गामुखी साधना

मुकद्दमे में विजय प्राप्त करने, सभी प्रकार की अभीष्ट सिद्धि, शत्रुनिवारण तथा अन्य उपलब्धियों के लिए बगलामुखी देवी की साधना की जाती है जो अत्यंत लाभकारी है।

बगलामुखी साधना के लिए घर, मंदिर या अन्य कहीं भी एकान्त में मकान का कोई एक साफ-सुथरा कमरा चुन लेना चाहिए।

उस कमरे की भीतर की सब दीवारें, भीतर से सब खिड़कियां, किवाड़, छत, फर्श पीले रंग में पुती होनी चाहिए। शीघ्र सफलता के लिए ऐसा करा लेना चाहिए।

बगलामुखी यंत्र

साधक को पीले वस्त्र पहनने पड़ते हैं।

पहनने-ओढ़ने के लिए पीली धोतियां होनी चाहिए या पीले रंग में रंग लेनी चाहिए।

आसन भी पीला होना चाहिए।

छोटी-सी चौकी पर पीले रंग का कपड़ा बिछाकर उस पर पीले रंगे चावलों से

बगलामुखी पूजन यन्त्र बना लेना चाहिए।

इस साधन में आसन पर आने से पूर्व नग्न होकर शुद्ध जल में स्नान करें और पश्चात् पीली धोती ओढ़ें और पहनें।

साधना में आवश्यक सामान

1. कलश
2. बगलामुखी देवी का चित्र
3. पीले रंगे चावल, पीला आसन, पीला कपड़ा
4. चौकी या तख्ता
5. पीले रंग से रंगा मिट्टी का दीपक
6. पीले रंग से रंगी रूई की बत्ती
7. पीले फूल, जैसे कनेर आदि
8. गन्धक, लौंग
9. पीले रंग का पीतल का लोटा
10. जल, हल्दी की गांठों की माला।

साधना विधि

शुद्ध जल से नग्न स्नान करने के पश्चात् पीली धोती बांधें, पीली धोती ओढ़ें फिर आसन पर आकर प्राणायाम और आचमन के बाद संकल्प करें। संकल्प से पूर्व ही चौकी पर पीले रंग के जल से भरा लोटा रख लें। बगला यन्त्र चावलों से बनाकर उसके बीच में दीपक रक्खें जिसमें गाय का घी होना उचित है।

दीपक और बगलामुखी देवी के चित्र के मध्य पीले फूल रख दें। गंधक की छोटी-छोटी सात ढेरियां वहीं बनाकर उन पर दो लौंग रख दें।

प्राणायाम और आचमन करने के बाद हाथ में जल और एक पीला फूल लेकर संकल्प करें।

संकल्प शुद्ध मन से करें। किसी का व्यर्थ अनिष्ट सोचकर या स्वार्थ में अन्धे होकर किया गया संकल्प पूरा नहीं हो सकता।

आप यह संकल्प करें—

'मैं सदैव विजयश्री प्राप्त करूं, दूसरे लोग मुझसे प्रभावित हों, ऐसी शक्ति प्राप्त करूं, सत्यमार्ग पर चलता हुआ, कभी किसी से, किसी भी बात में पराजित न होऊं,

मेरी ऐसी कामना बगलामुखी साधना से पूर्ण हो।

संकल्प के पश्चात् विनियोग मन्त्र बोलते हैं, जो इस प्रकार है—

'ॐ अस्य श्री बगलामुखी मन्त्रस्य, नारदऋषि, त्रिष्टुपछन्दः, बगलामुखी देवता, ह्लीं बीजं, स्वाहा शक्तिः ह्लरीं, कीलकं, ममाभीष्टसिद्ध्यर्थे जपे विनियोगः।'

जप विनियोग के पश्चात् ध्यान करते हैं।

ध्यान मन्त्र इस प्रकार है—

'मध्ये सुधाब्धि मणिमंडप रत्नवेद्यां,
सिंहासनोपरिगतां परिपीतवर्णाम्।
पीताम्बरा भरणमाल्यविभूषिताङ्गीं,
देवीं स्मरामि घृतमुद्‌गर वैरिजिह्वाम्।।
जिह्वाग्रमादाय करेण देवी,
वामेन शत्रून परिपीडयन्तीम।
गदामिघातेन च दक्षिणेन,
पीताम्बराद्‌यां द्वि भुजां नमामि।।

यह ध्यान मंत्र है। ध्यान मन्त्र से पूर्व ऋष्यादिन्यास मन्त्र भी जप लेते हैं तो अत्यन्त श्रेष्ठ साधना है।

ऋष्यादिन्यास

'नारद ऋषये नमः शिरसि। त्रिष्टुपच्छंदसो नमो मुखे। बगलामुखी देवतायै नमो हृदि। ह्लीं बीजाय नमो गुह्ये। स्वाहा शक्तये नमः पादयोः। ह्लरीं कीलकाय नमो नाभौ। विनियोगाय नमः सर्वांगे।

ऋष्यादिन्यास के पश्चात् ध्यान करें। ध्यान के समय दृष्टि बगलामुखी देवी के चित्र के चेहरे पर टिकी रहनी चाहिए।

ध्यान एकाग्र करने के पश्चात् बगलामुखी का जाप प्रारम्भ करें।

मन्त्र इस प्रकार है—

मन्त्र

'ॐह्लीं बगलामुखि! सर्व दुष्टानां वाचं मुखं पदस्तम्भय। जिह्वां कीलय बुद्धिनाशय ह्लीं ॐ स्वाहा।'

इस मन्त्र से हल्दी की १०८ गांठों से बनी माला नित्य १०१ बार इसी मन्त्र से फेरनी है।

तेरह दिनों तक यह अनुष्ठान करना होता है। इस बीच ब्रह्मचर्य पालन करें और भोजन न करें, केवल दूध ही लें। मन को शुद्ध और पवित्र रखें। कोई विकार मन में न आये।

आपकी यह साधना अवश्य सफल होगी।

यदि सिद्धि शीघ्र चाहें और आप वास्तव में अधिक कष्ट में हैं तो यह दूसरा प्रयोग ही अधिक लाभकारी है।

इसे ब्रह्मास्त्र कहते हैं।

ब्रह्मास्त्र प्रयोग का विनियोग इस प्रकार है—

'ॐ अस्य श्री बगलामुखी ब्रह्मास्त्रमंत्रस्य भैरव ऋषिर्विराट् छन्दः श्री बगलामुखी देवता क्लीं बीजं, ऐं शक्ति, श्री कीलकं ममाभिष्टसिद्धये जपे विनियोगः।'

ऋष्यादिन्यास

'भैरव ऋषये नमः शिरसि। विराट्छन्दसे नमो मुखे। बगलामुखोदेवतायै नमो हृदि। क्लीं बीजाय नमो गुह्ये। ऐं शक्तये नमो पादयोः। श्रीं कीलकाय नमो-नमौ। विनियोगाय नमः सर्वांगे।

कर एवं हृदयादिन्यास

ॐ ह्रां अंगुष्ठाभ्यां। हृदयाम। ॐ ह्रीं तर्जनीभ्यां। शिरसे। ॐ ह्रूं मध्यमाभ्यां शिखायां। ॐ ह्रै अनामिकाभ्यां। कवचाय। ॐ ह्रौं कनिष्ठकाभ्यां नेत्र। ॐ ह्रः करतलकरपृष्ठाभ्यां अस्त्राय।

ध्यान

सौवर्णासिन संस्थितां त्रिनयनां पीतांशुकोल्लासिनी।
हेमायाङ्गरुचिं शशांक-मुकटां सच्चम्पकस्राययुताम्।
हस्तैर्मुद्गरपाशबद्धरेसनां संविभ्रतो भूषणैर्व्याप्तांगीं।
बगलामुखी त्रिजगतां संस्ताम्भिनीं चिन्तये।।

मन्त्र

ॐ ह्रीं ऐं श्रीं क्लीं श्री बगलानने। मम रिपून नाशय नाशय ममैश्वर्याणि देहि देहि शीघ्रं मनोवांछितं साधय साधय ह्रीं स्वाहा।

इस प्रकार मन्त्र बोलते हुए, मन में ही जाप करते हुए माला फेरते रहते हैं।

यह बगलामुखी साधना है।

इस साधना से मनुष्य अत्यधिक लाभ उठा सकता है।

जो व्यक्ति सच्चे हृदय से विश्वासपूर्वक, नियमानुसार साधना करता है, इससे शीघ्र लाभ उठाता है और सर्वत्र विजयश्री प्राप्त करता है।

महात्रिपुर सुन्दरी सिद्धि

महात्रिपुर सुन्दरी को 'षोडशी' भी कहते हैं। इसकी साधना के लिए साधक द्वारा साधना कक्ष में कुंकुम या सिन्दूर से षोडशी यन्त्र लिखा जाता है। इसे भूमि पर बनाकर लाल मिट्टी से पूर्ण करते हैं।

इसका यन्त्र सावधानी से बनाना चाहिए। इसमें बिन्दु, त्रिकोण, अष्टकोण, दो दशकोण, चतुर्दशकोण फिर अष्टदल, षोडशदल पद्म, तीन वृत्त बनाये जाते हैं।

यन्त्र बनाने के बाद जप-अनुष्ठान का विधान है।

उपवास के बाद इसके दस हज़ार मन्त्रों का जाप होता है।

इसके मन्त्र निम्नलिखित हैं—

जिस कार्य की सिद्धि या कामनाओं के लिए आप सिद्धि कर रहे है, उनके लिए संकल्प करने के बाद न्यास करें। न्यास से पूर्व विनियोग कर लेना चाहिए।

विनियोग मंत्र

ॐ अस्य श्री महात्रिपुर सुन्दरी महामन्त्रस्य दक्षिणामूर्ति ऋषिः पंक्तिश्छन्दः श्री महात्रिपुर सुन्दरी देवता ऐं बीजं सौः शक्तिः क्लीं कीलकं ममाभीष्टसिद्ध्यर्थे जपे विनियोगः।

न्यास

दक्षिणामूर्ति ऋषये नमः शिरसि।
पंक्तिच्छन्दसे नमः मुखे।
श्री महात्रिपुरसुन्दर्यै नमः हृदये।
ऐं बीजाय नमः गुह्ये।
सौं शक्तये नमः पादयो।
क्लीं कीलकाय नमः नाभौ।
विनियोगाय नमः सर्वांगे।

करन्यास इस प्रकार करें—

ह्रीं श्रीं अं अंगुष्ठाभ्यां नमः
ह्रीं श्रीं आं तर्जनीभ्यां नमः
ह्रीं श्रीं सौः मध्यमाभ्यां नमः
ह्रीं श्रीं अं अनामिकाभ्यां नमः
ह्रीं श्रीं आं कनिष्ठिकाभ्यां नमः
ह्रीं श्रीं सौः करतलकर पृष्ठाभ्यां नमः

हृदयादि न्यास इस प्रकार करते हैं—

ह्रीं श्रीं अं हृदयाय नमः
ह्रीं श्रीं आं शिरसे स्वाहा।
ह्रीं श्रीं सौः शिखायै वषट्।
ह्रीं श्रीं अं कवचाय हुम्।
ह्रीं श्रीं आं नेत्रयाय वौषट्।
ह्रीं श्रीं सौः अस्त्राय फट।

उपर्युक्त न्यासों के बाद ध्यान एकाग्र करें। ध्यान मन्त्र इस प्रकार है—

ध्यान

बालार्कामुततैजसंत्रिनयनां रक्ताम्बरोल्लासिनी,
नानालङ्‌ कृतिराजमानवपुषं बालेन्दुयुक्त शेखराम।
हस्तैदिक्षुधनुः स्त्रणिं सुमशरं पाशं मुदा बिभ्रतीं।,
श्री चक्रस्थित सुन्दरीं त्रिजगतामाधरभूतां भजे।।

इस प्रकार ध्यान करने के बाद मन्त्र जप कर सकते हैं।

मन्त्र जप इस प्रकार है—

ॐ ऐं ह्रीं श्रीं कएईल ह्रीं हसकहल ह्रीं सकल ह्रीं।

महात्रिपुरसुन्दरी की सिद्धि से सभी प्रकार के कष्टों का निवारण होता है।

अनेक तान्त्रिकों का कथन है कि इसकी सिद्धि के लिए साधक का कमरा लाल पुता हो और पहनने के वस्त्र भी साधना काल में लाल हों, तथा महात्रिपुर सुन्दरी का लाल चित्र हो।

धूमावती साधना

अधिकांशतः अघोरपंथी इसकी साधना करते हैं।

इस देवी की सिद्धि भी मनोकामना पूर्ति तथा अन्य उपलब्धियों के लिए करते हैं। इस देवी का स्वरूप बड़ा विचित्र है। शरीर मोटा, दृष्टि में क्रोध, वस्त्र मैले, बाल रूखे-उलझे और वृत्ति से चंचल है। स्वरूप विधवा-सा, स्तन लटके हुए। ऐसी इस देवी की आकृति मानी गई है।

धूमावती यंत्र

इसकी शीघ्र सिद्धि के लिए एकान्त स्थान या श्मशान में, पूर्णतः नग्न बैठकर साधना करते हैं। वही यंत्र बनाना चाहिए।

इसका विनियोग इस प्रकार है—

ॐ अस्य श्री धूमावती देवी महामंत्रस्य पिप्पलाद ऋषिः त्रिवृत् छन्दः श्री ज्येष्ठा धूमावती देवी, घूं बीजं, स्वाहा शक्तिः घूं कीलकं, ममाभीष्ट सिद्धयर्थे जपे विनियोगः।

इसका ऋष्यादिन्यास इस प्रकार है—

ऋष्यादिन्यास

पिप्पलाद ऋषये नमः शिरसि।
त्रिवृत् छन्दसे नमः मुखे।
श्री ज्येष्ठा धूमावती देवतायै नमः हृदये।
धूं बीजाय नमः गुह्ये।
स्वाहा शक्तये नमः पादयोः।
धूं कीलकाय नमः नाभौः।
विनियोगाय नमः सर्वांगे।

करन्यास

धां अंगुष्ठाभ्यां नमः।
धीं तर्जनीभ्यां नमः।
धूं मध्यमाभ्यां नमः।
धं अनामिकाभ्यां नमः।
धौं कनिष्ठकाभ्यां नमः।
धः करतलकर पृष्ठाभ्यां नमः।

हृदयादिन्यास

धां हृदयाय नमः।
धीं शिरसे स्वाहा।
धूं शिखायै वषट्।
धैं कवचाय हुम्।
धौं नेत्रत्रयाय वौषट्।
धः अस्त्राय फट्।

ध्यान

ध्यान इस प्रकार करते हैं—

विवर्णा चंचला कृष्णादीर्घा च मलिनाम्बरा।
विमुक्त कुन्तला रूक्षा विधवा विरलद्विजा।
काक ध्वजरथारूढ़ा विलम्बित पयोधरा।
सूर्य हस्ताति रुक्षाक्षा धूमहस्ता वरान्विता।
प्रवृद्धघोणा तु भृशं कुटिला कुटिलेक्षणा।

क्षुत्पिसार्दिता नित्यं भयदा कलहास्पदा।

इस ध्यान मंत्र में इस देवी की आकृति का वर्णन है। इसी प्रकार की कल्पना ध्यान करें या इसी प्रकार की तस्वीर सामने रख लें।

तत्पश्चात् मानस पूजा कर कवच पाठ कर सकते हैं—

ॐ धूं बीजं मे शिरः पातु धूं ललाटं सदाऽवतु।
धूमा नेत्रयुगं पातुवती कर्णौ सदाऽवतु।।
दीर्घा तूदरमध्ये तु नाभि मे मलिनाम्बरा।
शूर्पहस्ता पातु गुह्यं रुक्षा रक्षतु जानुनी।।
मुख मे पातु भीमाख्या स्वाहा रक्षतु नासिकाम्।
सर्वा विद्याऽवतु कण्ठं विवर्ण बाहु युग्मकम्।
चंचला हृदयं पात दुष्टा पार्श्वं सदाऽवतु।
धूमहस्ता सदा पातु पादौ पातु भयावहा।।
प्रवृद्धरोमा तु भृशं कुटिला कुटिलेक्षणा।
क्षुत्पिपासार्दिता देवी भयदा कलहप्रिया।
सर्वांगे पातुं मे देवी सर्वशत्रु विनाशिनी।।

इस कवच पाठ के बाद मंत्र जाप करें। जाप मन्त्र यह है—

'धूं धूं धूमावती ठः ठः।'

श्री गणेश सिद्धि एवं पूजन

गणेश रिद्धि-सिद्धि पूजन के देवता हैं। प्रत्येक कार्य प्रारंभ करने से पूर्व गणेश पूजन का रिवाज प्रत्येक हिन्दू परिवार में है। गणेश को ही गणपति कहते हैं। 'स्वस्तिक' गणपति का रूप माना जाता है। गणेश की पूजा में स्वस्तिक या गणेश जी की मूर्ति, चित्र अथवा यंत्र में से कुछ भी प्रयोग में ले सकते हैं।

श्री गणेशयंत्र भी बनाते हैं।

श्रीगणेश यंत्र

गणेश सिद्धि बहुधा गणेश चतुर्थी, अर्थात् भाद्रपद शुक्ल पक्ष की चौथ को करना श्रेष्ठ बताया गया है।

इसकी साधना के लिए प्रथम स्वच्छ शुद्ध होकर, विधिपूर्वक यंत्र लिखकर या गणेश जी की मूर्ति स्थापित कर उसका पूजन करें।

फिर विनियोग मंत्र बोलें।

विनियोग मंत्र

ॐ अस्य श्री महागणपति मन्त्रस्य गणक ऋषिः निचृद्गायत्री छन्दः श्री

महागणपतिर्देवता गं बीजं गीं शक्तिः गः कीलकं श्री गणपति प्रीत्यर्थे जपे विनियोगः।

ऋष्यादिन्यास

ॐ गणक ऋषये नमः, (शिरसि)
ॐ निचृद् गायत्री छन्दसे नमः (मुखे)
ॐ श्री महागणपति देवतायै नमः (हृदये)
ॐ गं बीजाय नमः (गुह्ये)
ॐ गीं शक्तये नमः (पादयो)
ॐ कीलकाय नमः (नाभौ)
ॐ विनियोगाय नमः (सर्वांगे)

करन्यास

ॐ अंगुष्ठाभ्यां नमः।
ॐ गीं तर्जनीभ्यां नमः।
ॐ गूं मध्यमाभ्यां नमः।
ॐ गं अनामिकाभ्यां नमः।
ॐ गौं कनिष्ठकाभ्यां नमः।
ॐ गः करतलकर पृष्ठाभ्यां नमः।

हृदयादिन्यास

ॐ गं हृदयाय नमः।
ॐ गों शिरसे नमः।
ॐ गूं शिखायै वषट्।
ॐ गैं कवचाय हुम्।
ॐ गौं नेत्रत्राय वौषट्।
ॐ गः अस्त्राय फट्।

ध्यान

चतुर्भुजं रक्त तनुं त्रिनेत्रं पाशांग कुशौ मोदक पात्र दन्तौ।
करैर्दधानं सरसी सहस्थं, गणाधिनाथं शशि चूडमीड़े॥

इस तरह ध्यान करें और फिर मानस पूजा कर गणपति गणेश जी के इन नामों से उन्हें प्रणाम करते हुए दूर्वा चढ़ायें। प्रथम गणेश जी की प्रार्थना इस प्रकार करें—

नमो नमः सुरवर पूजिताङ्घ्रये,
नमो नमो निरुपम मंगलात्मने।

नमो नमो विपुल पदैक सिद्धये,
नमो नमः करि कलभाननाय ते।

प्रार्थना के बाद निम्न नाम मन्त्रों से गणेश जी को २१ लड्डू अर्पित करें। प्रत्येक मन्त्र के साथ एक लड्डू चढ़ाते जायें।

1. ॐ गणजयाय नमः।
2. ॐ गणपतये नमः।
3. ॐ हेरम्बाय नमः।
4. ॐ धरणीधराय नमः।
5. ॐ महागणपतये नमः।
6. ॐ लक्षप्रद्राय नमः।
7. ॐ क्षिप्र प्रसादनाय नमः।
8. ॐ अमोघ सिद्धये नमः।
9. ॐ अमिताय नमः।
10. ॐ मन्त्राय नमः।
11. ॐ चिन्तामणये नमः।
12. ॐ निधये नमः।
13. ॐ सुमंगलाय नमः।
14. ॐ बीजाय नमः।
15. ॐ आशापूरकाय नमः।
16. ॐ वरदाय नमः
17. ॐ शिवाय नमः।
18. ॐ कश्यपाय नमः ।
19. ॐ नन्दनाय नमः।
20. ॐ वाचासिद्धाय नमः।
21. ॐ श्री ढुण्ढिराजाय नमः।

यह 21 नाम मन्त्र हैं जिनसे 21 लड्डू भेंट चढ़ाते हैं।

इनके बाद कवच पाठ करते हैं।

कवच पाठ

ॐ आमोदश्च शिरः पातु प्रमोदश्च शिखोपरि।
सम्मोदा भ्रूयुगे पातु भ्रूमध्ये च गणाधिपः॥
गणक्रीडश्चक्षुर्युगं नासायां गणनायकः।
जिह्वायां सुमुखः पातु ग्रीवायां दुर्मुखः सदा॥

विघ्नेशो हृदये पातु बाहुयुग्मे सदा मम।
विघ्नकर्ता च उदरे विघ्नहर्ता च लिंगके।।
गजवक्त्रः कटीदेशे एकदन्तो नितम्बके।
लम्बोदरः सदा पातु गुह्य देशे ममारुणः।
व्यालयज्ञोपवीती मां पातु पादयुगे सदा।
जापकः सर्वदा पातु जानुजंघे गणधिपः।।
हारिद्रः सवर्दा पातु सर्वांगे गणनायकः।

इस कवच पाठ के बाद मन्त्र का जाप कर सकते हैं।

जब तक जाप में मन लगे प्रसन्न एकाग्रचित्त होकर करते रहें।

जाप-मंत्र यह है—

'ॐ ह्रीं श्रीं ग्लौं गं, गणपतये वर वरद सर्वजनं मे वशमानय स्वाहा।'

इस प्रकार गणेश पूजन, गणेश यन्त्र सिद्धि और गणेश देवता की साधना करते हैं।

दत्तात्रेय साधना

किसी प्रियजन, पुत्र, बन्धु-बांधव के खोने पर दत्तात्रेय साधना-उपासना से तुरन्त लाभ होता है, ऐसा अनेक तंत्र ग्रंथों में प्रमाण है।

इसकी साधना के लिए पहले मन्त्र को सिद्ध करते हैं।

मन्त्र और यन्त्र को इस प्रकार सिद्ध करते हैं—

'सर्वप्रथम किसी कमरे में एक लकड़ी की चौकी बिछाएं। उस पर लाल कपड़ा बिछाएं। पास ही ऊनी आसन बिछाकर बैठें और चौकी पर बिछे वस्त्र पर चावलों से दत्तात्रेय यंत्र बनायें।

इसके बाद यन्त्र पर कांसे का एक पात्र रखें जिसमें लगभग एक किलो तेल हो। उसके सामने एक छोटा-सा दीपक जलावें। यह अनुष्ठान पूर्णिमा की रात्रि को करना चाहिए। स्नान के बाद लाल धोती धारण करके नौ बजे से आसन पर बैठ जायें और यन्त्र बनाकर पूजन करें।

फिर संकल्प करें कि आप दत्तात्रेय यन्त्र को सिद्ध कर रहे हैं।

यह मंत्र और यंत्र तीन दिनों में सिद्ध होता है। इन तीन दिनों में आपको केवल एक ही समय भोजन करना है तथा बीड़ी, सिगरेट, तम्बाकू, शराब या कोई भी नशा एवं ऐसे शौक नहीं करने हैं। पवित्र रहना है।

मन्त्र की इक्यावन मालाएं फेरकर ही, उसी आसन पर सो जायें।

अगले दिनों में इसी प्रकार करना है।

तीन दिनों में यह मन्त्र सिद्ध हो जाता है।

यह मन्त्र इस प्रकार है—

मन्त्र

'ॐ ह्रीं क्लीं ऐं श्रीं महायक्षिण्ये (खोया व्यक्ति) आगच्छ स्वाहा।'

'जहां 'खोया व्यक्ति' लिखा है, वहां खोये व्यक्ति का नाम भी लेते हैं जब भविष्य में खोये व्यक्ति के लिए अनुष्ठान करते हैं।

अनुष्ठान किसी भी दिन कर सकते हैं। क्योंकि आप मन्त्र सिद्ध कर चुके हैं ।

प्रातः से शाम तक यह अनुष्ठान किया जाता है। आसन बिछाकर पूर्व को मुंह करके बैठ जायें और पहले की भांति करते या चौकी पर दत्तात्रेय यन्त्र बनाकर उस पर कांसे का पात्र देना चाहिए। अपने चारों ओर एक हज़ार दीप भी जलवा लें। उन दीपकों में दूसरा व्यक्ति समय पर तेल डालता रहे ताकि वे न बुझें। दिन भर वे जलते रहने चाहिए।

एक सौ आठ मनकों की एक सौ एक माला फेरी जाती है। सात दिनों तक अनुष्ठान चलता है। आसन से दिन भर में बिलकुल न उठें।

सात दिनों में सफलता मिल जाती है तो मन्त्र के साथ-साथ मालाएं फेरी जाती हैं तो मन्त्र में खोये प्राणी का नाम भी आता है। अनुष्ठान पूर्ण होने से पूर्व या होने पर वह लौट आता है।

नपुंसक के लिए अनंग मदन साधना

बहुत से युवक पुरुषत्व की कमी के कारण आत्महत्या कर लेते देखे गये हैं। अनेक युवकों को नीम-हकीम बरबाद कर देते हैं।

ऐसे नपुंसक युवकों में बहुत-से तो ऐसे होते हैं जो ठीक होते हैं किन्तु सामान्य कमज़ोरी होती है।

यदि ऐसी कमज़ोरी है, नपुंसकता जन्मजात नहीं है अर्थात उसके शरीर में लिंगेन्द्रिय नामक अंग है, अंडकोश भी है, तो वह इस साधना से भी लाभ उठाकर देख सकता है।

यह कोई कठिन साधना नहीं है।

इसके लिए साधक को मंत्र के एक लाख जाप करने हैं।

जाप नदी के तट पर करना पड़ता है और इन दिनों में एक समय भोजन करना है तथा यह विश्वास जमाये रखना है कि ज्यों ही मंत्र का जाप पूर्ण होगा आपका पुरुषत्व आ जायेगा।

इसे अनंग साधना या मदन साधना कहते हैं।

इसका मन्त्र यह है—

'ॐ एं मदने मदनविद्रावणे अगम् सगमे देहि-देहि क्रीं क्रीं स्वाहा।'

इसी मन्त्र को एक लाख बार जपना है।

चौदह दिनों में इसे पूर्ण किया जा सकता है और पन्द्रह दिनों की इस साधना से आशातीत लाभ की संभावना रहती है। किन्तु जप एक लाख होते ही एक हजार चमेली के फूल लेकर उनकी आहुतियों से हवन पन्द्रहवें दिन अवश्यमेव करें। तभी सफलता है। हो सके तो तांत्रिक से सलाह लें।

कामेश्वरी यन्त्र एवं साधना

यह यन्त्र सभी प्रकार की मनोकामनाओं, इच्छाओं और आशाओं के लिए है।

यन्त्र बनाकर उसका मन्त्रों से पूजन करते हैं।

यन्त्र को सामने रख लिया जाता है।

मन्त्र इस प्रकार है—

देहि सौभाग्य मारोग्यं, देहि मे परमं सुखम्।
रूपं देहि जयं देहि यशो देहि द्विषो जाहि।।
सर्व मंगल मंगल्ये शिवे सर्वार्थ साधिके।
शरण्ये त्र्यंबके गौरि, नारायणि नमोऽस्तुते।।

काम–यन्त्र साधना

भोजपत्र या कागज पर इस यन्त्र को बनाते हैं। यन्त्र में बीचोबीच अपना नाम-लिखते हैं। फिर इसे जेब में या सिरहाने रखते हैं।

यह यन्त्र संभोग में स्तम्भन प्रदान करता है। सन्तुष्ट करता है।

'यन्त्र रखने के बाद, रात्रि को जब संभोग करते हैं, तब भी मन्त्र जपते रहते हैं।

मन्त्र इस प्रकार है—

'जृंभणों मोहनः स्तम्भी मारणः क्षोभणस्तथा।
कामी कलानिधिः कान्तः कामिनी व सकृत्वशी।।

सुख प्रसव यंत्र

यह अष्टकोण यन्त्र है। बीच में वृत्त होता है।

यन्त्र बनाकर या कागज पर लिखकर ताबीज में रखकर इसे गर्भिणी के गले में बांध देते हैं।

इस यन्त्र के बांधने से बच्चा होने में कष्ट नहीं होता है।

मारण तंत्र प्रयोग

'मारण प्रयोग' को तंत्र मार्ग में अत्यन्त सावधानी, विवेक और सूझ-बूझ से तभी करने का विधान है जब अपने प्राणों को खतरा हो। अन्यथा यह प्रयोग नहीं करना चाहिए।

कभी भी द्वेष या रंजिश से किसी पर मारण प्रयोग नहीं करना चाहिए।

अकसर देखा गया है कि असावधानीवश या गलत रास्ता अपनाने पर अथवा निर्दोष व्यक्ति पर मारण प्रयोगकर्ता स्वयं ही नष्ट हो जाता है।

अतः सावधानी, विवेक, सूझबूझ और नैतिकता की आवश्यकता है। सैनिक इसका

प्रयोग करें।

दो मारण प्रयोग यहां देते हैं—

(एक)

'शत्रुनाशक' यन्त्र बनाकर उसके बीच में शत्रु का नाम लिखें जिससे प्राणों का भय हो या जो वास्तव में आपकी हत्या करने वाला हो। सेना में सैनिक ताबीज में इस यन्त्र को रखें। विजय में सहायक होगा।

यन्त्र को सिद्ध करने का मन्त्र यह है—

ॐ ऐं ह्रीं क्लीं चामुण्डायै विच्चे। ॐ ग्लौं हुं क्लीं जूं सः ज्वालय ज्वालय ज्वल-ज्वल प्रज्वल प्रज्वल ऐं ह्रीं क्लीं चामुण्डायै विच्चे ज्वल हं सं लं क्षं फट् स्वाहा।

(दो)

मृत्यु आपके सामने खड़ी है, शत्रु आपको मारना चाहता है। आप बचाव करना चाहते हैं। इस यन्त्र बनायें, साथ ही निम्नलिखित मन्त्र का पाठ करें।

मन्त्र में खाली स्थान है, उसमें शत्रु का नाम बोलें।

मन्त्र इस प्रकार है—

'ॐ नमः काल संहाराय....हन हन फट् स्वाहा।'

यदि आप शत्रु को मार डालने के इच्छुक हैं तो नीम की चार अंगुल की लकड़ी लेकर उसी से शत्रु के सिर का बाल लपेटें, उस लकड़ी से शत्रु का नाम लिखें।

श्मशान में जाकर उस लकड़ी को सावधानी से चिता की धूप देवें। तीन या सात रात तक ऐसा करने पर शत्रु का नाश होता है।

पुनः स्मरण कराते हैं कि मारण प्रयोग युद्ध के मैदान में करें या डाकू आदि से रक्षार्थ प्राणों के संकट आने पर।

वनस्पति तंत्र प्रयोग

1. बरगद

बरगद या वटवृक्ष का तांत्रिक प्रयोग धन-धान्य की वृद्धि तथा सम्मान व यश प्राप्ति के लिए किया जाता है।

किसी बरगद के नीचे दूसरा बरगद का पौधा निकल आया हो तो उसे पुष्य नक्षत्र वाले किसी रविवार या गुरुवार के पूर्व की शाम को जाकर आमंत्रित करें—

'हे वट! मैं अपने अभीष्ट की सिद्धि हेतु आपको पधारने के लिए आमंत्रित करता हूं।' वहीं दीपक जला दें।

आधी रात्रि को वहां जायें और उस पौधे को उखाड़ लायें। फिर स्नान करके बिन। वस्त्र बदले, उसे धूप दें और जहां अन्न, धन, गहने आदि हों वहां रख दें तथा साथ-साथ ईश्वर का ध्यान भी करते जायें।

2. गूलर

ग्रहण वाले दिवस से एक दिवस पहले गूलर के वृक्ष को निमंत्रण दे आयें और अगले दिन अर्थात् ग्रहण वाले दिन सवेरे ही वृक्ष को हलुए या शर्बत का चढ़ावा चढ़ाकर नमस्कार करके उसका बंदा तोड़ लाएं।

ग्रहण लगते ही बन्दे की पचापचार से पूजा करें और पूरे ग्रहण काल में **'ॐ महालक्ष्म्यै च विदमह, विष्णु पत्न्यै च धीमहि तन्नो लक्ष्मी प्रचोदयात्।' मन्त्र का जप करें।**

जप में जिस माला का प्रयोग करें वह यदि कमल गटे की हो तो श्रेष्ठ है।

ऐसे अभिमंत्रित गूलर के बन्दे को ताबीज में रखकर धारण करें तो भूमिगत धन दिखाई देता है और अभीष्ट प्राप्ति भी होती है।

3. पलाश

होली त्यौहार के एक दिन पूर्व सायंकाल बन्दे वाले पलाश के वृक्ष को निमंत्रण दे आयें। होली की सुबह सूर्य निकलने से पूर्व जाकर बन्दा ले आयें और फूलों तथा चावलों से उसका पूजन करके देवदारु को धूप दे दें। फिर लड्डू का भोग लगाकर, मन्त्र का एक सौ आठ बार जप करें। जप के बाद बन्दे को अपने घर में धान्य आदि के साथ रख दें।

मन्त्र यह है—

ॐ वृक्षराज समृद्धस्त्वं, त्रिषु लोकेषुवर्तसे।
कुरु धान्य समृद्धिं त्वं, क्षेत्रे कीटौधवर्जिते।।

बन्दा धन-दौलत में रखना है तो दूसरी पंक्ति ऐसे जपें—

कुरु द्रव्य समृद्धि मे गृहे संकटवर्जिते।

आकर्षण तंत्र

आपके घर-परिवार में झगड़ा है, अनबन है, डांट-फटकार के कारण परिवार का कोई सदस्य घर छोड़कर चला गया है या कोई बालक चला गया हैं तब यह आकर्षण तंत्र प्रयोग किया जा सकता है।

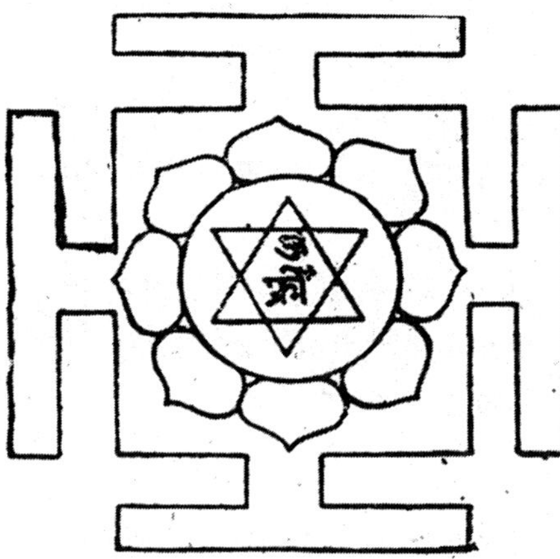

आकर्षण तंत्र

इसे कार्तवीर्यार्जुन प्रयोग कहते हैं।

इसकी विधि यह है—

ग्रहण या किसी भी अन्य शुभ दिन इसके मन्त्र की सौ माला जपकर मन्त्र सिद्ध कर लें।

मन्त्र यह है—

ॐ क्लीं कार्तवीर्यार्जुनो नाम राजा बाहु-सहस्रवान।
यस्य स्मरण मात्रण गतं नष्टं चं लभ्यते।

क्लीं ॐ कार्तवीर्यार्जुनाय नमः।।

मन्त्र की सौ माला फेरने से मन्त्र सिद्ध हो जाएगा।

कोई व्यक्ति, जो घर से गया है उसी का पहना हुआ कुर्ता या बनियान लेकर उस पर यह मन्त्र लिख दें। मन्त्र के नीचे लिखें '....**शीघ्रमानयानय स्वाहा।**'

जहां स्थान खाली है उसमें गये हुए का नाम लिखते हैं।

उस वस्त्र को चरखे पर बांधकर बिना माल के बच्चे की मां या परिवार का मुखिया चर्खा खाली घुमाए और मन में यह कहता रहे कि उसे (नाम ले) जल्दी बुलाओ। चर्खा शाम के समय चलायें और उलटा घुमाकर चलायें। सीधा नहीं।

वह शीघ्र वापिस लौटता है।

सम्मोहन साधना

(हिप्नोटिज्म)

तांत्रिक ढंग पर भी सम्मोहन विज्ञान को सीखा जा सकता है। यह मनोविज्ञान का विषय है फिर भी तांत्रिक पद्धति से यह जल्दी सिद्ध हो जाता है।

सम्मोहन के लिए तांत्रिक सिद्धि प्राप्त करने के लिए एक माह की साधना पर्याप्त है।

सम्मोहन भीड़ का हो या व्यक्ति विशेष का, इससे संभव हो जाता है।

चाहे जिसे इस साधना के बाद वश में किया जा सकता है, अपने आदेशानुसार चलाया जा सकता है।

साधना विधि

किसी भी माह की शुक्ल पक्ष की पंचमी को प्रातः जल्दी उठिए, शौचादि से निवृत्त हो, स्नान करके पीली धोती बांधें और पूर्व की ओर जंगल में जाकर वटवृक्ष (बरगद) को निमंत्रित करके उसकी एक डाली तोड़ लायें।

फिर सूर्य निकलने से तनिक पहले ही नदी में पहुंच जायें। कमर तक पानी में खड़े होकर, पूर्व की ओर मुंह करके, मूंगे की माला हाथ में लेकर मंत्र जपना है। चौवन मनकों की इक्कीस बार माला जप कर मंत्रोच्चारण करते रहना है और एक माह तक इसी प्रकार करना है। बरगद की डाली बाएं हाथ में और माला दाएं हाथ में रहती है।

21 माला जपने तक जल से बाहर नहीं आना है और किसी से भी बोलना नहीं है।

यदि हो सके पूरे महीने मौन व्रत करें।

ब्रह्मचर्य से रहना अत्यन्त आवश्यक है। घर में भी स्त्री जाति से बातें नहीं करनी है, चाहे कोई भी हो। भोजन भी बहुत सूक्ष्म और विशेष प्रकार से करना है। जैसे प्रथम

दिन एक तोला है तो दूसरे दिन दो तोला, तीसरे दिन तीन और चौथे दिन चार और पन्द्रहवें दिन पन्द्रह तोला भोजन करने के बाद सोलहवें दिन चौदह तोला, सत्तरहवें दिन तेरह, अठारहवें दिन बारह—इस प्रकार महीने के अन्त—तीसवें दिन एक ही तोला भोजन करना है। बीच में कुछ भी न खायें। कोई व्यसन न रखें।

इस प्रकार 21 माला सूर्योदय से पूर्व, 21 माला दोपहर को, 21 माला शाम को और 21 माला आधी रात को जपें।

दोपहर तथा अर्द्धरात्रि को जल में खड़ा होना आवश्यक है। अन्य समयों में घर पर ही पीले आसन पर बैठकर जप कर सकते हैं। पद्मासन में बैठकर लाभकारी है। दृष्टि स्थिर, मन शान्त और एकाग्र रहे।

शाकाहारी और शुद्ध सात्त्विक भोजन लें।

तीस दिन तक यह अभ्यास चलता है।

इकतीसवें दिन कोई किशोर, युवक या युवती माध्यम बनाकर प्रयोग करके देखें। माध्यम को कोई आज्ञा दें। आज्ञा मुख से न देकर आंखों में आंखें डालकर इच्छा कम्पन ही करें। माध्यम ने आपके मन का आदेश मान लिया तो आप सफल हो गये।

इस साधना में जपा जाने वाला मन्त्र

ॐ श्रीं भैरवी भद्राक्षी आत्मन सर्वजन वाक्
चक्षु, श्रोत्र मन स्तंभय स्तंभय बाधय बाधय
मम शब्दानुग्रह दर्शय दर्शय दृष्टिपथात
सम्मोहनाय सम्मोहनाय कुरु कुरु स्वाहा।

इस प्रकार सम्मोहन साधना हो जाती है। जो कि बड़ी आश्चर्यजनक विद्या है।

'राजयोग' से आने वाली यह विद्या तंत्र द्वारा इतनी आसान है।

योग द्वारा बड़ी कठिन है।

योग मार्ग में तो त्राटक, ध्यान, धारणा की नितान्त आवश्यकता है।

तंत्र मार्ग में इच्छा शक्ति बढ़ाने के लिए, सम्मोहन साधना के लिए दीपक या बिन्दु त्राटक की आवश्यकता नहीं है। हां, जब घर पर आसन पर बैठकर मन्त्र जपें तो दृष्टि को किसी चित्र, वस्तु या यन्त्र पर स्थिर रख सकते हैं।

यह साधना पूर्ण होने पर साधक किसी को भी अपनी आज्ञानुसार चला सकता है और समूह को अपने भाषण-प्रवचन से प्रभावित कर सकता है। लोगों को यह पता न चलने दें कि आपने उन्हें सम्मोहित किया है।

(भाग-3)

तंत्र में सैक्स का स्थान

सैक्स प्राणीमात्र की स्वाभाविक मूल प्रवृत्ति है।

समान रूप से यह सभी प्राणियों में पाई जाती है। प्राकृतिक तौर पर सभी प्राणी नर और मादा मिलकर संभोग करते हैं और उससे उस प्राणी का वंश चलता है।

इस प्रकार संभोग वंशवृद्धि के लिए होता है।

किन्तु इस कलियुग में प्राणी—विशेष रूप से मानव-संभोग में बहुत अधिक प्रवृत्त है।

मानव का कोई समय और अवधि संभोग हेतु निश्चित नहीं है। वह जब चाहता है, तभी संभोग करता है और इस क्षणिक आनन्द को प्राप्त करने के लिए सभी कुछ करता है।

मन्त्र मार्ग में सैक्स का महत्त्व जानने के लिए प्रथम यह जानना आवश्यक है कि सैक्स क्या है ?

सैक्स क्या है ?

'सैक्स' प्रत्येक जीवधारी की मूल प्रवृत्ति और प्रजनन का कारण है। बिना सैक्स या यौन प्रवृत्ति के कोई भी प्राणी वंश-वृद्धि नहीं कर सकता और न प्रकृति प्रदत्त इस असीम आनन्द की ही अनुभूति कर सकता है जो सम्भोग—नर और मादा के तन-सम्मिलन से प्राप्त होता है।

आर्य धर्म-ग्रन्थों में— वैदिक धर्म के सभी ग्रंथों में—धर्म, अर्थ, काम और मोक्ष के विषय में विस्तार से लिखा है।

इन चारों में 'काम' या यौन अथवा सैक्स अपना विशेष स्थान रखता है।

नर और मादा में जो परस्पर आकर्षण, प्रेम, मिलन-इच्छा या भूख और आनन्द प्राप्ति की ललक है, वही तो सैक्स या काम की प्रवृत्ति है। काम की इस सन्तुष्टि का प्रयास सम्भोग है।

यह सम्भोग क्रिया या काम की मुख्य क्रिया है।

हमारे धर्म शास्त्रों में लिखा है—

'आहार निन्द्रा भय मैथुनं च,
एतत पशुभिः समानः नराणाम।।'

अर्थात् भोजन करना, सोना, भय और मैथुन (संभोग) यह तो पशुओं के सामन ही मनुष्यों में है।

आगे शास्त्रकार कहता है—

'धर्मेण ही तेषां अधिकं विशेषः।'

अर्थात् धर्म ही उनमें अधिक और विशेष है।

मनुष्य में पशुओं से अधिक और विशेष है 'धर्म'।

धर्म ही विद्या, ज्ञान और परमानन्द की अनुभूति कराता है।

'काम' या सैक्स को भी यदि धर्म की दृष्टि से देखें, आध्यात्मिक दृष्टि से देखें तो यह मानव को ऊंचाइयों की ओर ले जाता है।

आज समाज क्यों पतन के गर्त में है ?

जिधर देखिए व्यभिचार, बलात्कार, भ्रष्टाचार, अशिष्टता, असभ्यता और अश्लीलता के ही दर्शन होते हैं।

चारों और तनाव व्याप्त है।

कोई प्रसन्न या स्वस्थ नहीं है।

कोई व्यक्ति सन्तुष्ट नहीं है।

प्रत्येक अव्यवस्था और दुःख के कारण यूं तो भिन्न-भिन्न होते हैं किन्तु सबका मूल विशेष रूप से एक है।

वह है— काम की असुविधा व असन्तुष्टि।

यौन विषयक असन्तुष्टि एवं नैराश्य की भावना अनेक रोगों, दुःखों और तनावों को जन्म देती है।

नर और मादा अलग-अलग शरीरधारी हैं किन्तु फिर भी वे अभिन्न हैं।

वे एक होना चाहते हैं।

मिलकर रहना और कामानन्द की प्राप्ति के लिए आतुर रहते हैं।

यह स्वाभाविक रूप से होता है।

इस प्रवृत्ति को रोका नहीं जा सकता।

समाज चूंकि सदैव गतिशील रहता है—विकास की प्रक्रिया जारी रहती है अतः इस दृष्टि से भी समाज की मान्यताएं बदलती चली गईं, परिवर्तन होता गया, रिवाज बदलते गये तथा मानदण्ड बदलते गये।

देश, काल और परिस्थितियों के अनुसार विश्व के भिन्न स्थानों, समयों और वातावरण के अनुसार सैक्स को देखा जाने लगा। क्योंकि यही मानव के लिए स्वाभाविक था।

सैक्स या काम गोपनीय विषय बन गया।

यह छुपकर किया जाने वाला व्यवहार हो गया।

मनुष्य तो मनुष्य है।

पशुओं से वह भिन्न है।

श्रेष्ठ और विकसित है।

अतः वह प्रत्येक व्यवहार को धर्मानुसार देखता है, विवेक से देखता है।

पशु तो कहीं भी, कभी भी सम्भोग कर सकते हैं।

उनमें हया, लज्जा या संकोच नहीं है।

उनकी कोई विकसित समाज-व्यवस्था नहीं है। वे विवाह भी नहीं करते हैं। उनके यहां कोई नियम नहीं है। इसलिए बंधन भी नहीं हैं।

'बंधन' का जन्म नियमों से हुआ है।

जहां नियम होता है वहीं बंधन और पाबन्दी हो जाती है।

इन्हीं पाबन्दियों या बंधनों का रूप बदला ।

बंधन कड़े हो गये।

बंधनों की परिभाषा बदल गई।

रूप बिलकुल बदल गया।

और परिणाम यह हो गया कि 'काम' का भी रूप बदल गया, काम विषयक मान्यताएं बदल गईं तथा काम के विषय में भ्रांतियां पैदा हो गयीं।

प्राचीन काल में वैदिक ग्रंथों में—वेदों में मानव जीवन को चार आश्रमों में बांटा गया था।

सौ वर्ष आयु मानकर ब्रह्मचर्य आश्रम पच्चीस वर्ष तक, गृहस्थाश्रम पचास तक, वानप्रस्थाश्रम पचहत्तर तक और संन्यास मृत्यु पर्यन्त—इस प्रकार जीने का विधान था।

ब्रह्मचर्याश्रम में मनुष्य शरीर को स्वस्थ, निरोग, मज़बूत, मन को शक्तिशाली, विद्वान, ज्ञानवान और विद्या निपुण बनाकर गृहस्थाश्रम के लिए पूर्णरूपेण तैयार किया जाता था।

गृहस्थाश्रम में विवाह के बाद मनुष्य धन कमाता, सन्तान उत्पत्ति करता, धर्मानुसार अन्य आश्रमों के मानवों का भी पालन करता था।

वानप्रस्थ में वन गमन और ईश्वर स्मरण तथा पुनः ज्ञानार्जन, ज्ञान-संरक्षण और योग विषयक ज्ञानवृद्धि की जाती थी।

संन्यास आश्रम के संन्यासी समाज के सभी आश्रम के व्यक्तियों को धर्मोपदेश, ज्ञान और शिक्षा देते थे।

कालान्तर में आश्रम-व्यवस्था टूटती गई।

आज बस दो ही आश्रम रह गये हैं।

गृहस्थ और संन्यास।

जवान होते ही विवाह कर देते हैं, बच्चे पैदा होने लगते हैं। बच्चों को भी गृहस्थ की भांति धनार्जन करना पड़ता है। बच्चों को भी कहीं पर गेरुये वस्त्र पहनकर संन्यासी बनाया जाता है। जवान संन्यासी तो अकसर देखे जाते हैं।

यह सब दोष समाज-व्यवस्था में है।

सैक्स का तो बिलकुल रूप ही बदल गया है।

बच्चों को भी शुरू से ही ऐसी शिक्षा मिल रही है कि वे नैतिक दृष्टि से ऊंचाइयों की ओर नहीं जा पाते। ब्रह्मचर्य का लोप हो गया है। गृहस्थाश्रम का भी पालन कहीं सही ढंग से नहीं हो रहा है।

सैक्स गोपनीय होने के कारण तथा इसकी सही जानकारी न मिलने के कारण लोग निराश, असन्तुष्ट और तनावग्रस्त हैं।

तंत्र-मार्गी लोगों ने सैक्स के इसी तत्त्व को देखा और तंत्र-शस्त्रियों ने सैक्स विषयक साधनाओं का भी विकास किया।

विज्ञान और मनोविज्ञान ने भी सैक्स के विषय में अनेक खोजें की हैं। वे खोजें कई मायनों में तो तंत्र का प्रदर्शन करती हैं।

अंत में हम यही निष्कर्ष निकालते हैं कि 'सैक्स' का पूर्ण ज्ञान प्रत्येक युवक-युवती को होना ही चाहिए।

तंत्र क्या है, यह इस पुस्तक के प्रथम भाग में लिखा जा चुका है।

अब देखना यह है कि तंत्र में सैक्स का क्या स्थान है ?

'सैक्स' या 'यौन' में जब विकृतियां आ गयीं, इसके विषय में भ्रांतियां आ गयीं, तब तांत्रिकों और विचारकों ने इस विषय का सूक्ष्म दृष्टि से विवेचन किया और लोगों की धारणाओं को बदलने के प्रयास किए।

तंत्र-शास्त्रियों ने ही 'काम' को 'अध्यात्म' से जोड़ा।

उन्होंने काम या 'सम्भोग' से भी 'समाधि' की प्राप्ति का पता लगाया और प्रत्यक्ष अनुभूति करके उसे विकसित किया।

'सम्भोग से समाधि' की उपलब्धि तंत्रमार्ग में 'भैरव तंत्र' के अन्तर्गत आती है।

शिव और शक्ति का संभोग ये लोग मानते हैं।

इनमें विशेष रूप से 'कौलमत' के तांत्रिक विशेष रूप से साधना करते हैं।

कौलमत के तंत्र साधक वाममार्गी पद्धति से साधना करते हैं।

वाममार्गी साधना में ही संभोग के द्वारा समाधि के प्रयास होते हैं।

वाममार्गी साधना में अनेक सिद्धियां ऐसी हैं जो सभ्य समाज की दृष्टि में अनुचित कार्य हैं।

कापालिक, अघोरी, कौल ऐसे ही मार्ग हैं।

यौन या काम को ये लोग गोपनीय या छुपाने योग्य नहीं, बल्कि तंत्र का अंग मानते हैं।

वे (विशेषतः कौलमार्गी-वाममार्गी साधक) कहते हैं— 'स्त्री-पुरुष का सम्बन्ध लाज या संकोच का विषय नहीं है और न मनुष्य पशु ही है कि सैक्स की प्रवृत्ति का विकास न करे। सैक्स में भी मनुष्य को अन्य कलाओं, ज्ञान-विज्ञान विषयों की भांति विकास करना चाहिए और उसमें कुशलता, प्रवीणता आनी चाहिए।

ये वाममार्गी तान्त्रिक कहते हैं कि 'काम' की वासना को कुचलने वाला व्यक्ति सुन्दर या स्वस्थ नहीं रह सकता। उसमें कोई आकर्षण नहीं रहता। वह शारीरिक और मानसिक दृष्टि से हीन और अस्वस्थ हो जाता है। उसका उत्साह और शक्तियां क्षीण हो जाती हैं।

यही बात आधुनिक कामशास्त्री और सैक्स स्पैशलिस्ट डॉक्टर कहते हैं।

कामवासना को दबाना इनकी दृष्टि में ठीक नहीं है। इसे हर तरह से खुला, स्वतंत्र और स्वच्छन्द छोड़ना ही इनकी दृष्टि में श्रेष्ठ है।

मनुष्य के लिए संभोग, कामक्रीड़ाएं असीम आनन्द के स्रोत हैं।

प्रत्येक समय, प्रत्येक स्थान पर मानव यह आनन्द प्राप्त कर सकता है।

संभोग में आकर्षण है, आनन्द है और एक गूढ़ रहस्य भी है। इसमें अनेक क्रियाएं की जाती हैं। मानव ने सैक्स को कला का रूप देकर उसमें की जाने वाली चेष्टाओं, मुद्राओं और क्रियाओं का विकास किया है। मानव ने इन अनेक आसनों का इसलिए विकास किया है ताकि आनन्द को अधिकाधिक बढ़ाया जा सके।

तंत्रमार्ग की यह शाखा रतिक्रिया को एक उपासना का रूप देती है।

इसे साधना मानती है।

इससे साधक सिद्धि करता है।

इस साधना में समान रूप से स्त्री-पुरुष भाग लेते हैं और सम्भोग करते हुए समाधि का प्रयास करते हैं।

इस मार्ग में नातों-रिश्तों का कोई बंधन नहीं है। कोई किसी से भी संभोग करता है। वहां सब भैरव और भैरवी हैं। वे कहते हैं—ये बंधन मानव को मानव से दूर करते हैं, स्वार्थी बनाते हैं, जकड़ते हैं, आत्मसाक्षात्कार नहीं होने देते। स्त्री को पुरुष से दूर रखते हैं। स्त्री को दबाते हैं। उसकी भावनाओं को कुचलते हैं। संभोग के वास्तविक आनन्द से वंचित रखते हैं।

अतः तंत्र मार्ग की वाममार्गी शाखा के कौल और भैरव तान्त्रिकों ने अपनी साधना में सैक्स को एक महत्वपूर्ण, विशिष्ट और प्रमुख स्थान दिया है। यह भी कहा जा सकता है कि उनकी साधना का क्षेत्र ही काम या संभोग है।

भैरव-तंत्र मार्गी साधना और सम्भोग

'शैव तंत्र' या 'शैवागम' साहित्य बहुत ही विस्तृत है। इस तंत्र साहित्य में शैव, पाशुपत, वाम, भैरव, कापालिक, वीर शैव आदि अनेक भेद कहे गए हैं।

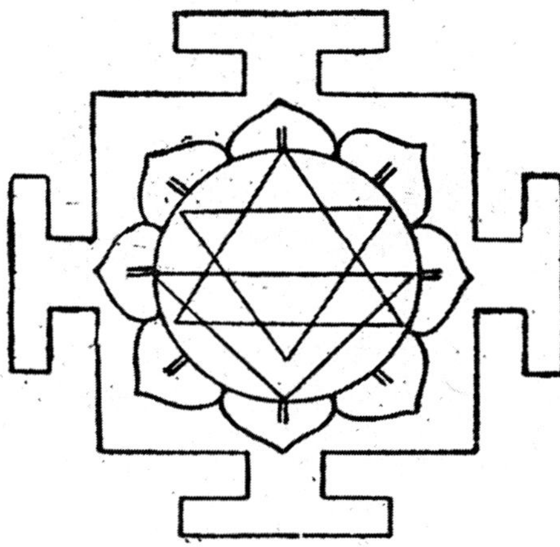

भैरवी यंत्र

शैवागम दस और रुद्रागम अठारह हैं। परमशिव की जो पांच शक्ति मानी गई है उनके नाम हैं—ज्ञान, आनन्द, चित्त, इच्छा और क्रिया। इसीलिए इन्हें पांच वक्त्र कहा गया। इनके पांच मुख माने गये हैं। वे पंचमुख हैं—

1. वामदेव
2. अघोर
3. सद्योजात
4. तत्पुरुष
5. ईशान

इन्हीं पांच मुखों से अन्य असंख्य भागों की उत्पत्ति मानी जाती है।

उन्हीं में 'भैरवागम' भी है।

भैरवागम 64 हैं।

शैवागमों में विशेष रूप से तीन भेद हैं—

1. वाममार्गी
2. दक्षिणमार्गी
3. सिद्धांत मार्गी।

भैरवागम वाममार्ग में है।

वाममार्गी पंचमकार मानते हैं—

1. मद्य
2. मांस
3. मछली
4. मुद्रा
5. मैथुन।

इनका ये विशेष महत्त्व बनाकर प्रचार और प्रयोग खुलकर करते हैं।

किन्तु अनेक तंत्र शास्त्रियों ने प्रमाण दे-देकर इनका विरोध किया है।

कई व्याख्याकारों ने लिखा है कि 'नित्याषोडशिकार्णव' में 'वामावर्त्तेन पूजयेत' के अर्थ वे नहीं हैं जो वाममार्गी अपनाते हैं।

वैसे ये लोग शिव और शक्ति को संयुक्त मानते हैं। ये शिव में शक्ति और शक्ति में शिव को मानकर उपासना करते हैं।

कौल मतानुयायी त्रिपुर सुन्दरी की उपासना करते हैं। भैरव मत भी शिव-शक्ति का संभोग मानते हैं।

तंत्र मार्ग की यह सम्पूर्ण शाखा शिव-शक्ति को संयुक्त मानकर संभोग द्वारा समाधि संभव बताती है।

वे कहते हैं मायारूपी शक्ति का शब्दों में वर्णन नहीं किया जा सकता। इस शक्ति के लिए कुछ भी असम्भव नहीं है। इसकी सिद्धि से सभी प्रकार की कामना पूर्ण होती है।

शक्ति ही जगत का रूप लेकर प्रकट होती है। तंत्र मार्ग में इसे प्रसन्न और सिद्ध किया जाता है। इसका अन्त नहीं है, केवल संकोच और विस्तार होता है। यह अखंड और अनन्त है। यही भोगती है और इसी को भोगा जाता है। दृश्य भी वही है, द्रष्टा

भी वही है।

जीव जब तक मोहांध है—केवल भोक्ता है।

कुछ जागृत होता है तो अभिनय करता है।

पूर्ण जागृति होने पर वह शिवरूप होता है और उसकी इच्छा शक्ति का विस्तार होकर पूर्ण रूप से समर्थ हो जाता है। वेदान्त में इसी को ब्रह्मरूप कहते हैं।

तंत्र मार्ग की इस शाखा के मतानुयायी मैथुन के द्वारा शक्ति जागरण को संभव मानते हैं।

कौलमार्गी साधना इस प्रकार होती है—

एकांत स्थान पर किसी बड़े कमरे में स्त्री-पुरुष एकत्र होते हैं। उनका गुरु तांत्रिक क़ौलाचार्य उनमें से एक युवक और एक युवती को छांटता है और सबसे ऊंचे स्थान पर उन्हें खड़ा करता है।

युवती को पूजन मंच पर खड़ा करके वह साधना गुरु कहता है—'मैं आनन्दमयी भैरवी को नमस्कार करता हूं जिसका सुन्दर हाथ अभय दान देने की मुद्रा में उठा हुआ है। यह रूपवती हैं। यह त्रिनेत्रा है। ऊंचे कद, लाल वस्त्र और लाल मुख वाली यह देवी स्तुत्य है। इसमें हज़ारों भैरव हैं तथा सभी देवता इसकी उपासना करते हैं।'

उस आनन्द भैरवी की स्तुति के बाद कोलाचार्य मन्त्र बोलता है। मन्त्र यह होता है—

'सह क्ष भ ल व र यीं आनन्द भैरव्यै वौषट्।'

इसके पश्चात कौलाचार्य देवी पर इत्र छिड़कते हुए—'गन्धं समर्पयामि' कहता है।

फूल चढ़ाते हुए 'पुष्पं समर्पयामि।' चावल चढ़ाते हुए 'अक्षतं समर्पयामि', धूप जलाते हुए 'धूपं समर्पयामि' और दीप जलाते हुए 'दीपं समर्पयामि' कहता है।

उस युवक के गले में सर्प डाला जाता है तथा उसका भी पूजन 'भैरव' के रूप में देवी की ही भांति करता है।

युवक 'आनन्द भैरव'।
युवती 'आनन्द भैरवी।'

अन्य सब स्त्री-पुरुष कौलाचार्य की आज्ञा पाते ही आंखें मूंदते हैं और भैरव तथा भैरवी की एकता का ध्यान करते हैं। वे लोग आंखें मूंदे ध्यान व भजन में लीन रहते

हैं तब तक आचार्य उन दोनों के वस्त्र उतारकर नग्न कर देता है।

अब साधकों के समक्ष पूर्ण रूप से नग्न युवक-युवती भैरव-भैरवी के रूप में मंच पर होते है तथा वहां, धूप, दीप से धुएं का वातादरण होता है जो मादक और सुगन्धित भी रहता है।

उन दोनों का सौदर्य उत्तेजक होता है।

फिर कौलाचार्य सहित सब साधक अपने वस्त्रों को उतार फेंकते है या एक ओर रख देते हैं।

कौलाचार्य कहता है–

मद्यं मांसं च मीनं च मुदा मैथुनैव च।
ऐते पंच मकाराः स्युः मोक्षदाः हि युगे-युगे॥

फिर कौलचार्य आटे से नव यौन्यात्मक यन्त्र बनाता है जिस पर शराब का घड़ा रख दिया जाता है।

उस शराब में से पहले गिलास भरकर भैरव-भैरवी को समर्पित की जाती हैं, इसके बाद आचार्य आधा गिलास पीकर शेष अपनी झूठी शराब उसी घड़े में डाल देता है।

झूठी शराब को शेष सैकड़ों साधक-साधिकाएं पीते हैं।

मांस और मछली का भी भोग भैरवी और भैरव को लगाते हैं और फिर अन्य सब प्रसाद के रूप में उसे खाते हैं।

इसके बाद नशे में धुत्त साधकों द्वारा भैंसे, बकरे व मुर्गे की बलि दी जाती है। खून बहता रहता है।

तभी सभी साधक-साधिकाएं यह कहते हुए— 'हम भैरव-भैरवी हैं,आओ मिलकर एक हो जायें, वे एक हो जाते हैं। जोड़े बनाकर मन वांछित आसनों-मुद्राओं में संभोग करते हुए आनन्द की प्राप्त करते हैं।

वहां एक हवन कुंड भी होता है जिसमें चन्दनादि डालते हैं।

सम्भोग चलता रहता है।

कौलाचार्य कहता है—

'यह सम्भोग क्रिया एक धार्मिक कृत्य है। अपने-अपने व्यक्तिगत रूप को भूलकर इसमें भैरव-भैरवी शिव-पार्वती बन जाते हैं। प्रेम और सम्भोग उन्हें एकाकार कर देता

है। परन्तु सब लोग स्वयं को नियन्त्रण में रखें। कोई भी वीर्यपात न होने दे। जो वासना के आवेग में नियन्त्रण न रख सकें वे अपना वीर्य देवी के चरणों में रखे प्याले में डाल देवें।

उस वीर्य को बाद में ये लोग चरणामृत की भांति, प्रसाद की भांति चखते हैं।

रात्रि-भर यह तांत्रिक उपासना चलती है। इसमें सब साधक जाति, धर्म, वर्ण और रिश्तों के बन्धन से मुक्त होते हैं। वहां तो सब एक हैं।

यही होता है 'भैरवी चक्र।'

'भैरवी चक्र' में वे ही भाग लेते हैं जो उस मार्ग के अनुयायी साधक हैं।

बाहरी लोगों को वे कंटक, पशु, शुष्क आदि कहकर बाहर निकाल देते हैं।

इन लोगों की तंत्र साधना और उपासना में सम्भोग ही मुख्य है।

इनका विश्वास है कि सम्भोग से तनाव एवं खेद नष्ट होते हैं। बंधन टूटते हैं। जो लोग पाश बद्ध हैं वे पशु हैं। पाश मुक्त होने का उपाय भैरवी चक्र है।

भैरवी चक्र कई प्रकार का होता है।

मुख्य प्रकार निम्नलिखित माने जाते हैं—

1. राज चक्र
2. महा चक्र
3. देव चक्र
4. वीर चक्र
5. पशु चक्र।

1. राज चक्र— राज चक्र में चारों वर्णों की कुमारियों का पूजन होता है जोकि सुन्दर होती हैं।

2. महा चक्र— इस चक्र में जो पांच शक्तियां पूज्य हैं, वे हैं—माता, बहिन, पुत्री, गुरुपत्नी और किसी वीर की पत्नी।

इस चक्र में जो द्रव्य पूजा में काम में लाये जाते हैं, वे हैं—मुर्गे का गोश्त, मछली, उड़द या उससे बनी चीजें। कनेर के फूल और चन्दन से पूजन करते है। इस चक्र में काम-पूजन नहीं होता है।

3. देव चक्र— इस चक्र में धोबिन, चमारिन, रजस्वला युवती, मातंगी और शराब पीकर उन्मत्त हुई स्त्री—ये छः शक्तियां पूजी जाती हैं। इसमें काम पूजन, लिंग-योनि पूजन होता है।

4. वीर चक्र— इस चक्र में कौलाचार्य की पत्नी, बहिन, कन्या, भतीजी आदि, वेश्या, नर्तकी, तीर्थ पर निवास करने वाली स्त्री तथा कुंवारी कन्या शक्तियां पूजी जाती हैं। पूजन चमेली के फूल, चंदन, कस्तूरी, इत्र आदि से होता है। पूजा में सफेद, लाल और पीले फूल काम में आते हैं। इसमें पशु-पक्षियों के गोश्त का यज्ञ होता है।

5. पशु चक्र— इस चक्र में मांस भक्षण होता है फिर शराब का दौर, तत्पश्चात संभोग आदि का दौर चलता है। शर्म-लज्जा त्यागकर सब एक जगह, एक साथ संभोग करते हैं, स्त्रियां बदलकर भी संभोग होता है। कोई भेदभाव नहीं रहता।

इन चक्रों में भाग लेने का अधिकारी

प्रायः इस मार्ग की साधना का वर्णन सुनकर अनेक कामुक और वासनाप्रिय व्यक्ति इस ओर आकर्षित होते हैं। वे लोग इस मार्ग को आनन्द और भोग-विलास का अच्छा साधन मानकर इसकी ओर प्रवृत्त होते हैं। वे लोग सोचते हैं कि नई-नई, सुन्दर स्त्रियां, शराब, मांसादि की छूट जहां है, उससे अच्छा धर्म क्या होगा ? सुन्दरियों का आकर्षण उन्हें खींचता है।

ऐसे लोग पहुंच भी जाते हैं।

परन्तु वे लोग वहां अपमानित भी होते हैं।

इसका अर्थ यह है कि वे लोग उन्हें पहचान लेते हैं और किसी प्रकार से निकाल देते हैं।

किन्तु यह भी सही है कि आजकल इन साधक-साधिकाओं में अधिकांशतः वासना के भूखे लोग ही हैं। सम्भोग आनन्द ही उनका उद्देश्य है। इससे आगे वे नहीं बढ़ते, न बढ़ना चाहते हैं। जबकि निर्वाण तंत्र में स्पष्ट लिखा है—

'नात्राधिकारः सर्वेषां ब्रह्मज्ञान साधकान बिना।
पर ब्रह्मोपासकाः ये ब्रह्माज्ञा ब्रह्मतत्पराः ॥
शुद्धान्तः करणाः शान्ताः सर्व प्राणिहिते रताः।
निर्विकाराः निर्विकल्पाः दयाशीलाः दृढ़व्रताः॥
सत्य संकल्पकाः ब्रह्मास्त एवात्राधिकारिणः॥

अर्थात—इस तंत्र चक्रों में सम्मिलित होने का सभी को अधिकार नहीं है। इसमें वे भाग ले सकते हैं जो ब्रह्म को जानने वाले साधक हैं, अन्य नहीं। जो ब्रह्म के उपासक, ब्रह्म को जानने वाले, ब्रह्म को पाने के लिए आतुर हैं, तत्पर हैं, मन जिनके शुद्ध हैं, जो शान्तचित्त हैं, सबकी भलाई में लगे रहते हैं, दुविधा से रहित हैं, दयावान

हैं, प्रण पर दृढ़ रहने वाले हैं, सच्चे संकल्प वाले हैं, अपने को ब्रह्ममय मानते हैं, वे ही इनमें भाग लेने का अधिकार रखते हैं।'

यह कितनी ऊंची बात है ! किन्तु क्या ऐसा होता है ? ब्रह्मज्ञानी हैं ये लोग? कदापि नहीं। ब्रहमज्ञान ऐसे लोगों में नहीं है। ये लौंग केवल संभोग तक पहुंचते हैं, भोग-विलास ही इनका उद्देश्य रहता है।

इनका एक 'गुट', 'संगठन' या 'वर्ग' बना होता है।

उससे बाहर के लोगों को ये नहीं आने देते हैं।

पूजन

इस तंत्र मार्ग में पूजन इस प्रकार होता है—

संकल्प करते हुए देवी का ध्यान किया जाता है। योनि मुद्रा का प्रदर्शन करते हुए भगवती को प्रणाम करते हैं।

इसके मन्त्र इस प्रकार हैं—

1. ॐ ह्रीं क्लीं श्रीं क्रां क्रीं चण्डिका देव्यै शापनाशानुग्रहं कुरु स्वाहा।

इस मन्त्र का सात बार प्रारम्भ में तथा सात बार अन्त में जाप किया जाता है। यह शापनाशन मन्त्र कहा जाता है।

2. ॐ श्रीं क्लीं ह्रीं चण्डिके उत्कीलनं कुरु-कुरु स्वाहा।

इस मन्त्र का इक्कीस बार प्रारम्भ में और इक्कीस बार ही अन्त में पाठ करते हैं। यह 'उत्कीलन मन्त्र' है।

3. ॐ ह्रीं ह्रीं वं वं ऐं ऐं मृतसंजीवनी विद्ये मृतमुत्थापयोत्थापय क्रीं ह्रीं वं स्वाहा।

यह 'मृतसंजीवनी मंत्र' है जिसका पाठ आदि और अन्त में सात-सात बार होता है।

4. ॐ श्रीं श्रीं क्लीं हूं ॐ ऐं क्षोभय मोहय उत्कीलय उत्कीलय ठं ठं।

यह शाप विमोचन मन्त्र प्रारम्भ में एक सौ आठ बार जपा जाता है।

नवशक्ति नमस्कार

नवशक्ति नमस्कार इस श्लोक में करते हैं—

'जयन्ती मंगलाकाली भद्रकाली कपालिनी।

दुर्गा क्षमा शिवा धात्री स्वाहा स्वधा नमोऽस्तुते।।

सिद्धि मन्त्र इस प्रकार है

ॐ ऐं ह्रीं क्लीं चामुण्डायै विच्चे। ॐ ग्लीं हुंक्लीं जूं सः ज्वालय ज्वालय ज्वल ज्वल प्रज्वल प्रज्वल ऐंह्रीं क्लीं चामुण्डयै विच्चे ज्वल हं सं लं क्षं फट् स्वाहा।

शिव और शक्ति का संगम

शिव और शक्ति का संगम प्रकृति में भी होता रहता है। यह सृष्टि शिव और शक्ति का संयोग है। यह संयोग या संगम निरन्तर होता है। इनका अभेद ज्ञान अर्द्ध नारीश्वर का ध्यान करने में सफलता प्राप्त कर लेते हैं तो सिद्धि प्राप्त हो जाती है।

भैरवी चक्र में भी शिव-शक्ति का मिलन होता है। उस समय वे व्यक्तिगत नाम, गुण, रूप, पद आदि को त्याग देते हैं, भूल जाते हैं और बंधन, पाश से मुक्त होते हैं। पाश से मुक्त होकर वे सदाशिव हो जाते हैं।

इस तंत्र मार्ग में स्त्री को रजोगुणप्रधान माना गया है और पुरुष को सतोगुण।

रज और सत्त्व।

रजोगुण सृजन करता है और धारक शक्ति है।

सत्त्वगुण निर्लिप्त है, सृजन का साधक है, स्वयं धारण नहीं करता।

दोनों का संगम होता है। यह गुणों का ही बंधन है जिसका इस तंत्र मार्ग में करके मुक्ति लाभ होता है।

इस तंत्र मार्ग के आचार्यों का कथन है कि यह शिव और शक्ति का, कर्म और ज्ञान का, स्त्री और पुरुष का, उपासना और आनन्द का संगम है।

सम्भोग

नवयोनि पूजन और शिव-शक्ति संगम में वे साधक-साधिकाएं भाग लेते हैं जो उस मत की दीक्षा ले चुके होते हैं। देखे-परखे होते हैं।

नवयोनि पूजन का अर्थ है नौ कुंवारी लड़कियों की पूजा।

नशे में चूर करके नौ नंगी लड़कियों को वहां लाया जाता है और नवयोनि पूजन होता है। भजन गाये जाते हैं, मन्त्र बोले जाते हैं। हवन होता है जिसमें मांसादि की आहुतियां दी जाती हैं। साथ उपस्थित लोग नग्न होकर वहीं शराब पीने के बाद मतवाले होकर संभोग करते हैं।

इस प्रकार यह साधना होती है।

तंत्र साधना में जब सम्भोग का विधान है और वास्तविक जीवन में भी संभोग का अत्यन्त महत्त्व है, तब यह आवश्यक हो जाता है कि संभोग विषयक ज्ञान प्रत्येक व्यक्ति को होना ही चाहिए।

सम्भोग

आज महत्त्व है आनन्द और सुख का। सैक्स को इस युग में मानव ने आनन्द और मनोरंजन का साधन बना लिया है और इसका साधन समझ लिया है संभोग को।

प्रत्येक व्यक्ति जानता है कि संभोग का क्या अर्थ है। परन्तु सम्भोग की सही टैक्नीक सब नहीं जानते । सम्भोग की वास्तविकता को भी कम लोग जानते हैं।

आमतौर पर स्त्री-पुरुष के सहवास को हम सम्भोग कहते हैं, जब वे मिलकर एक-दूसरे की यौन-सन्तुष्टि करते हैं, काम वासना की भूख मिटाते हैं।

इस क्रिया से चूंकि एक अलौकिक आनन्द की अनुभूति होती है और प्राणी अपना आपा भूल जाते हैं इसलिए बार-बार इस इच्छा का उत्पन्न होना स्वाभाविक है। यही कारण है कि प्राणी इस क्रिया को करने के लिए सदैव इच्छुक रहता है।

इसी इच्छा की पूर्ति के लिए सम्भोग किया जाता है।

सम्भोग क्या है ?

शाब्दिक अर्थ करें तो 'सम' और 'भोग' से यह शब्द बनता है।

समान रूप से आनन्द का भोग करना ही इसका अर्थ है।

इसमें दोनों प्राणी समान रूप से आनन्द की प्राप्ति करते हैं।

एक-दूसरे को वह देते हैं, जिसकी एक प्रकृतिप्रदत्त इच्छा उनके मन में विद्यमान है।

यह इच्छा जन्मजात है।

फ्रायड तो यह कहता है कि बच्चा मां के स्तन से दूध चूसता है तो वह भी सैक्स की तुष्टि है। यह मूल प्रवृत्ति समान रूप से सभी प्राणियों में है।

सम्भोग के विषय में एक दृष्टिकोण यह भी है कि सृष्टि की रचना में दो का संयोग होता है। दो के मिलने से तीसरी वस्तु का जन्म होता है। इस प्रकार वृद्धियां होती हैं और संसार चलता है।

सैक्स की प्रमुख प्रक्रिया सम्भोग ही है। स्त्री-पुरुष की यह स्वाभाविक कामक्रिया है। जगत के सृजक ने प्राणी जगत के अस्तित्व की सुरक्षा और वृद्धि के लिए नर और मादा के दिलों में कामोत्तेजना, संभोग की इच्छा और यौनांगों की सक्रियता के साथ-साथ इस क्रिया में अपार आनन्द भर दिया है।

यह संभोग ही तो वह क्रिया है जो आदिकाल से सृष्टि का अस्तित्व बनाये हुए है।

यों तो प्रत्येक प्राणी संभोग करता है किन्तु मनुष्यों और मनुष्येत्तर अन्य प्राणियों में बहुत अन्तर है। मनुष्य सब प्राणियों से बुद्धिमान और विकसित प्राणी है। मनुष्य ने काम विषयक नई-नई खोज की है, वैज्ञानिक और तकनीकी प्रगति की है। आनन्द प्राप्ति के अनेक नये-नये, अद्‌भुत तरीके खोज निकाले हैं जबकि पशु अपनी शारीरिक बनावट के अनुसार स्वाभाविक रूप से संभोग कर सकते हैं। जबकि मनुष्य अनेक टैक्नीक अपनाकर अपना आनन्द, उत्तेजना और सुख बढ़ाता है।

यह सम्भोग वास्तव में सृष्टि का आधार है। यह जीवन का अभिन्न अंग है।

सैक्स के मूल में—संभोग के मूल में दो से एकाकार बनने और उस एकाकार से अनेकता की भावना छिपी है।

सम्भोग क्यों किया जाता है ?

इस विषय में अनेक लोगों के अनेक मत हैं। सभी अपने-अपने विचारों के अनुकूल संभोग के कारण बताते हैं। संभोग क्यों किया जाता है ? जब यह प्रश्न उठता है तो सामान्य जन यही उत्तर देते हैं कि यह तो सृष्टि का नियम है पशु-पक्षी तक सब संभोग करते हैं।

संभोग क्रिया का परिणाम क्या है ?

आनन्द की अनुभूति ?

नहीं, आनन्द की अनुभूति पर्याप्त परिणाम नहीं है। प्रकृति की ओर से आनन्द तो इस क्रिया में इसलिए भर दिया गया है कि इसमें लोग रुचि लें। प्राणी इसमें प्रवृत्त हों। यदि आनन्द न होता तो कोई प्राणी संभोग न करता और संभोग न होता तो प्रजनन न होता। प्रजनन न होता तो सृष्टि का क्रम रुक जाता।

कितनी सुन्दर व्यवस्था है ईश्वर की!

नर और मादा मिलकर अपने सजातीय की रचना करते हैं।

इस रचना के लिए वे संभोग करते हैं।

सृष्टि में आदिकाल से यह नियम चला आ रहा है।

मनुष्य जाति ने सन्तान का महत्त्व घटा दिया है।

आज महत्त्व है आनन्द और सुख का।

सन्तान तो बस हो जाती है।

नहीं चाहते तो नहीं होती है।

सैक्स को इस युग में मनुष्य ने मनोरंजन का साधन बना लिया है। आनन्द प्राप्ति ही संभोग का उद्देश्य रह गया है।

आनन्द के ही लोभ-लालच में झगड़े होते हैं। क्षणभर के आनन्द और सुख की प्राप्त के लिए लोग खून कर देते हैं, करा देते हैं।

बलात्कार, हत्या, चोरी, डकैती और अपहरण के अनेक मुकद्दमों के मूल में हम सैक्स और संभोग को देखते हैं।

नातों-रिश्तों की मर्यादाएं भी सैक्स तोड़ देता है और कुकर्म में प्रवृत्त कर देता है।

इसी सैक्स के कारण अनेक अपराध होते हैं।

जब हम किसी प्रेमी को प्रेमिका के लिए आत्महत्या करते, नदियां तैरते, समुद्रों में जाते या पर्वतों में खाक छानते देखते हैं तो उसके मूल में प्रेम है और प्रेम के मूल में सैक्स है। सैक्स का मूल यही संभोग है।

सैक्स की भूख भी वैसी ही स्वाभाविक है जैसी भोजन की।

बिना इस क्षुधा को शान्त किये प्राणी का जीवन नीरस, शुष्क और निष्प्राण है।

प्राणों में स्पन्दन इसी से है।

हजारों में एक भी बड़ी कठिनाई से ऐसा होता है जो कुछ माह पूर्णरूप से बिना संभोग या बिना वीर्यपात के रह सकता हो।

यूं लाखों में एक ऐसा मिलेगा जो दो वर्ष ब्रह्मचर्य पालन कर सकता है और कई लाखों में एक आजीवन पूर्ण ब्रह्मचर्य का पालन करने वाला होता है।

शरीर बिना संभोग के स्थिर रखना बड़ा ही कष्ट-साध्य है।

ब्रह्मचर्य सभी आश्रमों से कष्टकर है। यह एक महान् तप है।

इस तप को विरले ही कर पाते हैं।

जो इस तपश्चर्या में सफल होते हैं वे संसार को ज़ीतते हैं।

सम्भोग में आनन्द के साथ-साथ वीर्यपात होता है।

वीर्य का स्खलन आनन्द की चरम सीमा पर होता है।

वीर्य क्या है ?

वीर्यपात सम्भोग का अंतिम लक्ष्य है। सम्भोग के अंतिम क्षणों में वीर्य का स्खलन पुरुष के लिंग से होता है।

यह वीर्य क्या है ?

इसके विषय में बहुत कुछ कहा जाता है।

एक पुस्तक में हमने पढ़ा था कि हजारों बूंद खून से दस बूंद वीर्य बनता हैं। ब्रह्मचर्य की एक पुस्तक में लिखा है, भोजन से रस, रस से रक्त, रक्त से मांस, मांस से मज्जा, मज्जा से अस्थि, चर्बी और अन्य तरल स्रावों की उत्पत्ति होती है। सबके बाद वीर्य बनता है। यह वीर्य ही जीवन शक्ति है। वीर्यनाश जीवन की शक्ति का नाश है।

ऐसी ही बहुत-सी बातें बहुत से ग्रंथों में हैं।

अस्तु, वीर्य वास्तव में एक तरल पदार्थ है जो कई ग्रंथियों के स्रावों के मिलने से बनता है।

इस वीर्य में मुख्य स्राव तीन हैं।

चिकना स्राव
श्वेत स्राव
और शुक्रकीट मुक्त अंडकोशों से आने वाला स्राव।
तीन स्रावों का मिश्रण है यह वीर्य।

जब शरीर में यह स्राव बनता है तो उससे उत्तेजना भी पैदा होती है। यौनांग सक्रिय होते हैं। क्यांकि यह वीर्य बाहर जाना चाहता है।

स्त्री भी चरमानन्द की उपलब्धि चाहती है।

वह भी स्खलित होती है किन्तु उसे केवल आन्तरिक अनुभूति होती है उसका कुछ निकलता नहीं है।

दोनों को आनन्द होता है।

इस आनन्द को प्राप्त करने के लिए सम्भोग होता है या अन्य तरीकों से प्राप्त किया जाता है। जिन अन्य कृत्रिम तरीकों से आनन्द प्राप्त करते हैं, उसे ही हस्तमैथुन

कहते हैं।

वीर्य स्खलन सब तरह होता है।

और यह वीर्य ही वह तरल पदार्थ है, जो कि पुरुष के लिंग से निकलकर योनि में गिरता है। तीन ग्रन्थियां इसे छोड़ती हैं। यह मिश्रित होकर वीर्य के रूप में बाहर आता है।

यही वीर्य जब बाहर निकलने की बजाय शरीर में ऊर्ध्वगामी होता है तो 'ओज' और 'तेज' बनता है। ब्रह्मचारियों के शरीर में यह स्पष्ट चमकता है। महान् व्यक्तियों में यही तो ऊर्ध्वगामी होता है।

जिन लोगों की कुण्डलिनी खुलकर मस्तिष्क के सहस्रार में पहुंचती है वह ऊर्ध्वरेता होते हैं और संसार में पूजे जाते हैं। अतः वीर्य अमूल्य वस्तु है इसे व्यर्थ नष्ट करना मूर्खता है।

भैरवी चक्र की साधना में भी, जो लोग ब्रह्म को समझते हैं, जो वास्तव में ब्रह्म को पाना चाहते हैं और उसे पहचानते हैं, वे साधक वीर्यपात करना या आनन्द भोगना ही उद्देश्य नहीं समझते बल्कि सम्भोग से समाधि प्राप्त करना चाहते हैं। वे सम्भोग में समाधि लगाते हैं। अपनी कुण्डलिनी शक्ति को सम्भोग से जगाने में सफल हो जाते हैं। फिर कभी उन्हें सम्भोग की आवश्यकता नहीं रहती है।

सम्भोग कब करना चाहिए

'सम्भोग' के लिए उपयुक्त आयु, समय तथा परिस्थिति के सम्बन्ध में भी अनेक मत हैं।

यह प्रश्न बहुधा उठाया जाता है। सम्भोग कब करना चाहिए।

इस प्रश्न का उत्तर भी एक नहीं दिया जाता है।

अनेक ऐसे डॉक्टर हैं जो कहते हैं कि जिस आयु में स्वाभाविक रूप से व्यक्ति की इच्छा सम्भोग करने की होने लगे तभी करने लगना चाहिए।

इसी प्रकार जब भी कभी पुरुष या स्त्री के मन में इच्छा हो तभी कर लें। और जो परिस्थिति उन्हें अनुकूल लगे उसी में कर सकते हैं।

कुछ लोग कहते हैं कि यह शारीरिक बनावट और मानसिक विकास तथा परिस्थिति पर निर्भर करता है। प्रत्येक के शरीर की बनावट, स्वास्थ्य और भावनाएं भिन्न-भिन्न हैं।

सबके यौनांगों का विकास भी एक-सा नहीं होता है। कोई जल्दी जवान हो जाता है तो कोई देर से होता है।

युवकों को सम्भोग में तब प्रवृत्त होना चाहिए जब वीर्य बन जाए।

युवतियों को तब सम्भोग करना चाहिए जबकि उनके सभी अंग पुष्ट हो जाएं और माहवारी होने लगे।

इस शारीरिक परिवर्तनों से पूर्व सम्भोग को स्वाभाविक नहीं माना जा सकता।

यह परिवर्तन लड़के में सोलह-सत्तरह या किसी में अठारह वर्ष के बाद होता है।

लड़कियों में बारह-तेरह से सोलह वर्ष तक हो चुका होता है।

हमारे वैदिक धर्म ग्रंथों और ऋषिकृत ग्रंथों में सम्भोग के लिए आयु निश्चित की गई है।

लड़कों के लिए ब्रह्मचर्य अवस्था पच्चीस वर्ष की आयु तक अर्थात् पच्चीस वर्ष के हों तब विवाह, गृहस्थाश्रम में प्रवेश और संभोग हो।

लड़की के लिए यह आयु सोलह-सत्तरह वर्ष मानी गई है।

इतनी आयु तक ब्रह्मचर्य पालन आवश्यक माना गया है।

दो सम्भोगों के बीच कितने दिनों का अन्तर होना चाहिए, यह प्रश्न भी विचारणीय है।

इसका उत्तर भी डॉक्टर लोग तो यही देते हैं कि कोई नियम या पाबन्दी नहीं है। जैसी जिसकी शारीरिक शक्ति, बनावट या क्षमता है, उसी के अनुसार सम्भोग कर सकते हैं।

प्रत्येक की क्षमता अलग-अलग है।

परिस्थिति अलग-अलग है।

अपने अन्य कार्य, बिजनेस और व्यवसाय आदि को सम्भोग के पीछे नष्ट नहीं कर लेना चाहिए। उनका भी ध्यान रखते हुए सम्भोग करना चाहिए।

अपनी आयु और स्वास्थ्य का ध्यान रखना चाहिए।

कुछ तंत्र ग्रन्थों में अनर्गल बातें हैं जो कि मूल ग्रंथ में नहीं रही होंगी। बाद में वे बातें जोड़ी गई हैं।

जैसे—'कामवासना की वर्जनाओं में बंधा हुआ व्यक्ति पशु के सामन रहता है और जो इस बंधन को तोड़ देता है वह सदाशिव हो जाता है।

'भैरवी चक्र' वाले तान्त्रिक कहते हैं—

'सप्ताह में पांच बार तथा उन्मुक्तरूप से मैथुन करने वाले स्त्री-पुरुष अन्य व्यक्तियों की अपेक्षा अधिक सहज, स्वस्थ और बुद्धिमान होते हैं। काम भावना का दिल और दिमाग से सीधा सम्बन्ध है। मैथुन से दिलो-दिमाग का खेद दूर हो जाता है। इन लोगों के विचार से जितना भी अधिक संभोग किया जाता है उतना ही श्रेष्ठ है।

किन्तु आयुर्वेद ग्रंथ इसकी आज्ञा नहीं देते।

वास्तव में कामी व्यक्ति सम्भोग नित्य करे या वर्ष भर में करे, वह दिलो-दिमाग से कभी स्वस्थ और सन्तुष्ट नहीं हो सकता।

स्वस्थ और तनावमुक्त वही रह सकता हो जो सम्भोग को स्वाभाविक रीति से, सहज ढंग से लेता है और उसको प्रतिक्षण सोचने का विषय नहीं बनाता। उसी के विषय में नहीं सोचता ।

सम्भोग कभी भी करे, पूर्ण सन्तुष्ट रहना चाहिए।

असन्तुष्ट और निराश व्यक्ति तनावों में घिरा रहता है।

अतः सम्भोग को पूर्ण सन्तुष्टि तक पहुंचाएं।

खुलकर करें।

सम्भोग को लम्बा खींचें और उससे पूरा-पूरा आनन्द उठाएं।

दोनों तृप्त हो जाएं।

पूर्ण तृप्ति मिलने पर सम्भोग की बार-बार की इच्छा स्वतः कम हो जाती है।

अतः सम्भोग को हौआ न समझें। जीवन का अंग समझकर, स्वाभाविक रूप से समझें। न इसमें फंसें ही रहें। वीर्यरूपी ओज शक्ति को शरीर में व्यय होने देने के लिए उर्ध्वगामी बनें। योग के बहुत से आसन हैं जो किए जा सकते हैं।

संभोग कैसे करना चाहिए ?

सम्भोग कैसे करें। यह प्रश्न भी विचारणीय है। यूं तो प्रत्येक प्राणी सम्भोग करता है। पशु-पक्षियों से लेकर कीट-पतंग सभी सम्भोग करते हैं।

प्रकृति उन्हें स्वयं सिखा देती है।

वे किसी पुस्तक में सम्भोग की विधियां नहीं पढ़ते।

वे किसी गुरु से नहीं सीखते।

वे अपने-अपने शरीरों की बनावट और मूल प्रवृत्ति तथा अंगों के अनुसार सम्भोग करते हैं।

कुत्तों को देखिए।

कुत्ता लिंग प्रवेश के लिए कुछ देर प्रयास करता है। उस प्रयास में ही मादा तैयार होकर अत्यन्त उत्तेजित हो जाती है और उसकी योनि द्रवित होकर खुल जाती है तथा कुत्ते का लिंग तुरन्त प्रविष्ट हो जाता है, कुत्ता पलटकर विपरीत मुद्रा में आ जाता है और लम्बे समय तक सम्भोग रत रहते हुए वे आनन्द की प्राप्ति करते रहते हैं। जब तक कुत्ते का वीर्य स्खलित नहीं होता है गांठदार लिंग वहीं फंसा रहता है और वे मजबूती से आपस में विपरीत मुख हुए जुड़े रहते हैं।

एक ओर यह लम्बा सम्भोग ।

दूसरी ओर भैंस, गाय आदि के नर पशु सम्भोग में एकदम लिंग प्रवेश कर तुरन्त वीर्य गिराकर एकदम हट जाते हैं।

घरेलू चिड़िया, गौरैय्या भी इसी प्रकार से सम्भोग करती हैं।

पुरुष भी जब स्वाभाविक अवस्था में सम्भोग करता है तो वह चित्त लेटी स्त्री के ऊपर लेटकर लिंग प्रवेश करके सम्भोग करता है। पुरुष धक्के लगता रहता है। स्त्री नीचे पड़ी हुई हरकत करती रहती है।

स्त्री टांगें फैलाये भी रह सकती है और घुटने खड़े भी रखती है।

यह सामान्य सम्भोग है।

साधारण लोग ऐसे ही करते हैं।

वैदिक-धर्मावलम्बी धार्मिक लोग इसी आसन में सम्भोग करते हैं।

शास्त्र में यही स्वाभाविक है।

इसके अतिरिक्त भी अनेक विधियां सम्भोग की हैं। इन विधियों को 'सम्भोग के 'आसन' कहा जाता है। ये आसन सैकड़ों हैं।

सम्भोग के विविध आसन

बहुत से लोग कहते हैं कि सृष्टि में जो चौरासी लाख योनियां हैं, उन्हीं के आधार पर उतने ही आसन मनुष्य ने निर्मित किए हैं, विकसित किए हैं।

कुछ ग्रन्थ और कामशास्त्री चौरासी आसन बताते हैं।

अनेक विद्वानों का मत है कि सम्भोग के लिए जैसा आसन, जैसा अवसर, जैसी मुद्रा अपने शरीर और स्वास्थ्य के अनुकूल हो अपना लें। जिस स्थिति में सम्भोग करने से अधिक आनन्द आ सके, उसी में करें।

फिर भी आनन्द-वृद्धि के लिए यदि आप आसन अपनाना चाहें तो अपना सकते हैं।

1. लेटकर किये जाने वाले सीधे आसन, जिनमें पुरुष ऊपर रहता है। दोनों के मुख आमने-सामने रहें। (चित्र-1)

2. लेटकर किए जाने वाले उलटे आसन जिनमें पुरुष ऊपर ही रहता है। किन्तु दोनों के मुख पृथ्वी की ओर रहें। गुदा की ओर से लिंग योनि में डालते हैं। (चित्र-2)

3. लेट कर किया जाने वाला ऐसा आसन जिसमें पुरुष नीचे चित्त लेटा होता है, स्त्री उसके ऊपर लेटकर सम्भोग में पुरुष लिंग को योनि में डाल लेती है। (चित्र-3)

4. बैठ कर किए जाने वाले सम्भोग आसन। (चित्र-4)

5. खड़े होकर सम्भोग करने के आसन।

इन्हीं पांच विधियों के आधर पर सभी आसनों का विकास किया गया है।

सभी प्रकार के आसन इन्हीं विधियों में से निकाले गए हैं।

अलग-अलग आसनों में से विशेष ये हैं जिनका प्रयोग अकसर किया जाता है।

अपने-अपने शरीर की बनावट और लिंग-योनि की नाप के अनुसार निम्नलिखित

विधियों से संभोग करें—

1. लेटकर किये जाने वाले संभोग आसन

(क) स्त्री चित्त लेट जाती है पुरुष उसके ऊपर औंधा (पट्ट) लेटकर, उसके वक्षस्थल से अपनी छाती, होठों से होंठ, नाक से नाक मिलाकर योनि में लिंग प्रवेश कराकर संभोग करता है। इस प्रकार वे आलिंगन बद्ध होकर चुम्बन भी कर सकते हैं। पत्नी अपने चूतड़ के नीचे तकिया भी लगा ले तो अच्छा रहता है। (देखें चित्र-५)

(ख) स्त्री लेटकर अपनी जांघों को चौड़ा ले। ऐसा करने से योनि फैलकर बड़ी हो जाती है। लिंग प्रवेश सरल होगा। यह आसन उनके लिए है जिस जोड़े का लिंग मोटा और योनि छोटी होती है।

(ग) योनि बड़ी है, लिंग छोटा है तो पत्नी चित्त लेटने के बाद जांघों और टांगों को मिला ले। लिंग को योनि में भींच ले जो उसके ऊपर लेटकर या बैठकर संभोग कर रहा होता है।

(घ) स्त्री चित्त लेटी रहे, पुरुष उसके ऊपर बैठकर, घुटनों के बल या पांवों के बल संभोग करे। धक्के भी उसी तरह लगाए।

(ङ) स्त्री लेटकर टांगों के घुटने खड़े कर लेती है। पुरुष उसकी टांगों के बीच बैठकर योनि में लिंग प्रवेश कराता है। और इस प्रकार संभोग करता है। पुरुष आसन में अपने हाथों से स्त्री के वक्षस्थल का स्पर्श, मर्दन करता रहे और प्रहार भी बढ़-बढ़कर करता रह सकता। (देखें चित्र-६)

(च) स्त्री चित्त लेटे, पुरुष उसकी दोनों टांगों को अपनी बांहों पर उठाते हुए लिंग प्रवेश करके संभोग करे।

(छ) स्त्री को चित्त लेटने पर पुरुष उसकी टांगें अपने कंधों पर रख लेता है और उसकी जांघों को हथेलियों से थाम कर लिंग योनि में डालकर संभोग करता है। (देखें चित्र-४)

(ज) स्त्री करवट लेकर लेट जाती है, पुरुष उसकी ओर मुंह करके लेटता है और आमने-सामने होकर आलिंगनबद्ध होकर संभोग करते हैं। चुम्बन भी इसमें हो सकता है और सीने से सीना रगड़ा जा सकता है।

(झ) स्त्री करवट लेकर लेट जाती है। पुरुष उसकी गुदा की ओर से, पीछे से लाकर योनि में लिंग प्रवेश कराता है और पीठ की ओर से, बगलों में से अपने हाथ

(चित्र-1)

(चित्र-2)

(चित्र-3)

(चित्र-4)

(चित्र-5)

(चित्र-6)

(चित्र-7)

ले जाकर स्त्री की छातियों को मुट्ठियों में पकड़कर भींचता है तथा गर्दन के चुम्बन लेता रहता है।

(ञ) स्त्री औंधी लेट जाती है। पुरुष उसके ऊपर औंधा आकर, टांगें थोड़ी चौड़ा कर, गुदा की ओर से योनि में लिंग प्रवेश कराता है।

(ट) स्त्री घुटने और कोहनियां टिकाकर घोड़ी-सी बन जाती है। पुरुष भी पीछे से भैंसे, सांड आदि की भांति संभोग करता है।

(ठ) पुरुष चित्त लेट जाता है। स्त्री ऊपर आकर पुरुष की भांति संभोग करती है। यह विपरीत रति है। इसमें स्त्री लेट कर या बैठकर संभोग करती है। जायका बदलने के लिए कभी-कभी ही यह करना अच्छा है। गर्भ ठहरने की इसमें बहुत कम संभावना रहती है।

(ड) पहले दोनों आमने-सामने बैठते हैं, फिर संभोगरत होकर पीछे को लुढ़क जाते हैं। लिंग योनि में रहता है किन्तु वे दोनों पीछे को लुढ़के रहते हैं। स्त्री का सिर तो सिरहाने की ओर रहता है तथा पति का सिर पॉयताने की ओर। परस्पर हाथ में हाथ पकड़ सकते हैं। बीच-बीच में बैठ भी सकते हैं या स्खलन तक ऐसे ही पड़े रहें।

2. बैठकर संभोग–आसन

(क) स्त्री पांव फैलाकर बैठ जाती है। पति सामने आकर उसकी टांगें चौड़ाकर, योनि में लिंग प्रवेश कराता है। आलिंगनबद्ध हो बैठकर फिर दोनों संभोग करते हैं।

(ख) पुरुष पांव फैलाकर बैठ जाता है। स्त्री सामने से आकर उसकी गोद में आकर फंस जाती है और लिंग को योनि में ले लेती है।

(ग) पुरुष टांगें फैलाकर उत्तेजित बैठ जाता है और स्त्री उसकी गोद में विपरीत मुखा बैठती है। लिंग योनि में गुदा की ओर से प्रवेश करता है।

(घ) पुरुष कुर्सी पर बैठ जाता है। स्त्री उसकी गोद में उसी की भांति पैर लटकाकर बैठ जाती है।

(ङ) स्टूल पर पुरुष बैठता है। सामने से स्त्री भी उसी स्टूल पर उससे सटकर बैठती चिपकती है, आलिंगनबद्ध होकर संभोग करते हैं।

3. खड़े होकर सम्भोग

(क) स्त्री दीवार के सहारे सीधी खड़ी हो जाती है। पुरुष सामने से सम्भोग करता है। दोनों आलिंगन में बंधकर चुम्बन भी करते हैं। खड़े-खड़े योनि में लिंग प्रवेश कर,

पुरुष संभोग करता है।

(ख) उपर्युक्त की भांति पुरुष निष्क्रिय खड़ा हो जाता है और स्त्री आगे आकर संभोग संचालन करती है।

(ग) स्त्री मेज के सहारे खड़ी होकर पीछे को लेट जाती है। या पलंग की पट्टी पर बैठकर पीछे को लुढ़कती है। पुरुष उसके ऊपर से, उसकी टांगों को चौड़ी करके लिंग प्रवेश कराता है और वे इस आसन से सम्भोग करते हैं।

(घ) पुरुष स्त्री को गोदी में उठाता है। स्त्री पुरुष की गर्दन में बांहें डाल लेती है। पुरुष उसकी योनि में लिंग डाल लेता है। पुरुष उसके नितंम्बों को अपनी हथेलियों पर थामे रहता है। वह टांगें पुरुष से लपेट लेती है।

(ङ) समान रूप से आमने-सामने खड़े होकर दोनों सम्भोग करते हैं। नारी ऐड़ियों के बल उचक कर पुरुष को चुम्बन देती है। पुरुष को झुकना पड़ता है।

(च) खड़ी हुई स्त्री के पीछे से पुरुष लिंग प्रवेश कराकर संभोग करता है। पीछे से हाथों को आगे लाकर उसके वक्षस्थल को सहलाता है, कुचों को मचलता है तथा वक्ष को मुट्ठियों में भरे रहता है। स्त्री सीत्कार करती रहती है।

4. जल–सम्भोग

(क) पानी में नहाते समय, नाभि तक डूबे हुए, जल में खड़े होकर सम्भोग किया जाता है। इसमें भी आलिंगन-चुम्बन होता है।

(ख) थोड़े जल में या टब में बैठकर सम्भोग करते हैं। इसमें भी चुम्बन आलिंगन हो सकता है।

(ग) प्राणायाम में कुशल, तैराक स्त्री-पुरुष तैरते हुए भी संभोग करने में सफल होते हैं।

5. मुख मैथुन

बड़े-बड़े विचित्र लोग संसार में हैं। ऐसे ही लोगों में वे हैं जो मुख मैथुन करते हैं। यह एक अस्वाभाविक, अप्राकृतिक, निन्दनीय कृत्य है। ये लोग मुंह से मैथुन करते हैं। स्त्री पुरुष का लिंग मुंह में लेकर पुरुष को उत्तेजित करती है और मुंह में ही संभोग कराती है।

इसी प्रकार पुरुष-स्त्री की योनि में जीभ डाल कर उसे उत्तेजित करता है और

चरम तक पहुंचाता है। ये दोनों ही अनुचित कृत्य हैं।

6. गुदा मैथुन

बहुत से पुरुषों को यह बुरी लत है। वे लोग स्त्री के साथ गुदा मैथुन करते हैं। उन्हें योनि में आनन्द नहीं आता है। ऐसा वे लोग करते हैं जिन्हें प्रारम्भ से ही लड़कों के साथ गुदा मैथुन की आदत रहती है या वे लोग जिनकी पत्नियों की योनियां ढीली होकर लटक जाती हैं। यह भी अनुचित है।

7. हस्त मैथुन

हस्त मैथुन का तो इस युग में बहुत प्रचलन हो गया है। लड़कों में तो यह कुऐब आम है। जो पुरुष विधुर या अविवाहित हैं वे भी इसमें फंसे हैं। किन्तु विवाहितों में जब देखते हैं तो दुःख होता है।

पुरुष तो हाथों से लिंग पकड़कर मैथुन करता है, वीर्य स्खलित करता है। कभी-कभी अपनी पत्नी से भी हस्त मैथुन कराता है। ऐसा तब होता है जब वह गर्भवती, माहवारी से या बीमारी से ग्रस्त होती है।

स्त्रियां भी हस्त मैथुन करती हैं। वे अपनी अंगुली, बैंगन, मोमबत्ती, मूली आदि का प्रयोग करती हैं। यह भी अप्राकृतिक कृत्य है।

सम्भोग में स्त्री–पुरुष दोनों भागीदार

सम्भोग में यदि पूर्ण आनन्द लेना है तो दोनों को सहयोग की भावना रखनी चाहिए। दोनों एक-दूसरे को पूर्ण सहयोग दें। तंत्र मार्ग में तो स्त्री-पुरुष दोनों का बराबर का स्थान है और दोनों समान अधिकार रखते हैं। सम्भोग में भी तंत्र साधना में साधक-साधिका परस्पर सहयोग देते हैं।

जब तक स्त्री अपनी चेष्टाएं न करके, सक्रिय न होगी तब तक न तो वह स्वयं पूरा आनन्द ले सकती है और न पुरुष को ही पूरा आनन्द दे सकती है।

यदि दोनों सक्रिय न हों, विशेष रूप से स्त्री गुमसुम, निश्चेष्ट पड़ी रहे तो दोनों ही अतृप्त रह जायेंगे जबकि स्खलन भी हो जायेगा।

भविष्य में ऐसे स्त्री पुरुष नपुंसक हो जाते हैं। स्त्री ठंडी और पौरुषहीन।

जब वे संभोग में अतृप्त रहने लगते हैं तो प्रेम घटना भी स्वाभाविक है।

तंत्र मार्गी साधना में स्त्री को यही सिखाया जाता है कि वह भी पुरुष जैसा व्यवहार

करे।

उसी तरह चुम्बन, आलिंगन, नख छेदन, स्पर्श, मर्दन, सब कुछ करे।

यहां तक कि पुरुष के ऊपर चढ़कर संभोग भी करे।

संभोग का चरम सुख वे ही स्त्रियां प्राप्त कर सकती हैं, जो संभोग में बढ़-चढ़कर भाग लेती हैं।

जो संभोग में पुरुष की प्रत्येक क्रिया-चेष्टा का प्रत्युत्तर देती हैं।

पूर्ण संभोग वही होता है जिसमें दोनों का प्रत्येक अंग भाग लेता है, समस्त शरीर के तार-तार झंकार करते हैं और पूरी तरह चरम सुख प्राप्त कर दोनों तृप्त हो जाते हैं।

चरम सीमा या स्खलन के बाद दोनों तृप्त हो जाते हैं।

लिंग शिथिल हो जाता है।

शरीर थक जाते हैं।

मन शान्त हो जाता है।

ऐसे में बहुत से पुरुष तुरन्त लिंग को योनि से बाहर निकाल लेते हैं।

यह ठीक नहीं है।

कुछ देर उसी स्थिति में रहें। लिंग को योनि में रहने दें। शान्त पड़े रहें। जल्दबाज़ी न करें। स्त्री को भी चाहिए कि थोड़ी देर लिंग को योनि में भींचे रहे।

ऐसा करने से प्रेम बढ़ता है।

तंत्र विद्या और सम्भोग

सम्भोग को मनोविज्ञान भी एक अनिवार्यता मानता है, तंत्र मार्ग भी, वेदशास्त्र भी। शरीर विज्ञान की दृष्टि से भी यह आवश्यक है।

अन्तर केवल इसके प्रतिपादन के ढंग, अवधि या आयु के विषय में है।

तंत्र कहता है कि मैथुन ही धर्म है।

यह सब मान सकते हैं कि प्रेम-क्रीड़ा और सम्भोग को उचित ढंग से किया जाये तो जीवन में मधुरता, सुरसता आती है और जवीन आनन्द से परिपूर्ण होता है।

सम्भोग हर प्राणी करता है।

किन्तु मनुष्यों और प्राणियों में बहुत अन्तर है।

तंत्र मार्ग कहता है कि संभोग प्रजनन के लिए ही नहीं है, बल्कि इसके और भी उद्देश्य हैं।

इससे शारीरिक, मानसिक और आत्मिक भूख शान्त होकर सभी प्रकार से सन्तुष्टि भी मिलती है।

संभोग के बिना जीवन अपूर्ण है, ऐसा तंत्र मार्ग मानता है।

जो प्रबल, सबल और पूर्णतया संभोग कर सकते हैं, वे ही पूर्ण मनुष्य हैं।

तंत्र मार्ग तो खुले आम प्रेम, क्रीड़ा, संभोग की आज्ञा देता है।

इसी में जीवन की सफलता मानता है। वह कहता है कि यह मानव के जीवन विकास की नींव है। स्त्री-पुरुष परस्पर खुले हों, लाज-संकोच त्याग दें, खूब खुलकर स्वतंत्रता पूर्वकर रति क्रीड़ा और संभोग करें तो जीवन खिल उठता है। अतः इच्छाओं पर रोक या पाबंदी न लगे। इससे कुंठा पैदा होती है। व्यक्ति का विकास रुक जाता है।

तांत्रिक पद्धति से, काम-पूजा से ये सब कुंठाएं दूर होती हैं।

इस मार्ग के साधक संभोग से ही समाधि तक पहुंचने का प्रयास करते हैं।

सभी सफल हो सकते हैं।

तंत्र मार्ग कहता है कि साधना से शक्ति बढ़ाकर सभी सफल हो सकते हैं।

तंत्र मार्ग का कथन है कि जब सारी लाज, शंका, सन्देह, पाबंदियां और व्यर्थ के आवरण हट जाते हैं तो दिव्य कपाट खुल जाते हैं।

दुर्बलता भाग जाती है।

व्यक्ति सफल, सबल और उच्च बनता है। जीवन की दौड़ में आगे बढ़ता है।

सबसे पहले तंत्र दुर्बल मन को सबल बनाने का प्रयास करता है, फिर उसे बांधने और वश में करने के उपाय सिखाता है।

मन को वश में करने के बाद व्यक्ति देर तक संभोग कर सकता है। सच्चा आनन्द ले सकता है तथा मन को निर्विकार बनाकर वास्तविक संभोग करके समाधि तक पहुंच सकता है।

दुर्बल और चंचल मन जगह-जगह भटकता रहता है और वास्तविक मंजिल पर नहीं पहुंचने देता है।

कुछ लोग आलस्य के कारण साधना नहीं करते और मन पर नियंत्रण नहीं करते।

चित्तवृत्तियों का निरोध योग है।

सम्भोग भी एक योग है।

इसमें भी यदि चित्त की वृत्तियां न रहें तो संभोग में भी समाधि लग सकती है।

काम–शक्ति

जिस पुरुष में काम-शक्ति की कमी होती है वह अपनी पत्नी या साथिन को पूरी तरह सन्तुष्ट नहीं कर पाता है और बीच में छोड़ देता है। वह पानी के कुएं पर पहुंचकर प्यासी लौट जाती है।

ऐसा पुरुष स्त्री की दृष्टि में गिर जाता है।

आमतौर पर वृद्धावस्था में काम-शक्ति क्षीण हो जाती है। जो लोग अपनी काम-शक्ति को जल्दी क्षीण कर लेते है वे जल्दी वृद्ध हो जाते हैं। जब तक काम-शक्ति है वृद्धावास्था नहीं आती है। काम-शक्ति सम्पन्न पुरुष कभी बूढ़ा नहीं होता है। क्योंकि वृद्धावस्था का लक्षण ही यही है कि कामेच्छा नहीं रहती है।

काम-शक्ति से सम्पन्न व्यक्ति इच्छानुसार वीर्य स्खलन करके स्त्री को पूर्ण संतुष्टि

देता है। इसके विपरीत जिनमें काम-शक्ति नहीं होती वे प्रथम तो उत्तेजित नहीं होते, हो भी जाते हैं तो जल्दी ही स्खलित हो जाते हैं। शीघ्र पतन होकर वे स्त्री की दृष्टि में लज्जित होते हैं।

यह काम-शक्ति ही संभोग का मूल आधार है।

प्रेम मूल प्रवृत्ति है। प्रेम का सम्बन्ध काम से है। अतः काम-शक्ति न रहने पर प्रेम भी घट सकता है।

सफल संभोग की तीन कुंजियां हैं। एक काम-शक्ति, दूसरी सम्भोग की टैक्नीक, और तीसरी कामशास्त्र का ज्ञान।

जिन लोगों में काम-शक्ति नहीं है, सम्भोग की टैक्नीक भी नहीं जानते हैं और इस विषय में ज्ञान नहीं है, वे अनेक दुष्परिणाम भोगते हैं। पर पुरुषगामिनी ऐसे पुरुषों की पत्नियां होती हैं।

काम-शक्ति का प्रमाण यह है कि पुरुष अपना लिंग योनि में तब तक चलाता रहे, कठोर बनाए रखे और वीर्य स्खलित न होने दे, जब तक स्त्री चरम सीमा पर न पहुंच जाए।

काम–शकित की कमी के कारण

काम-शक्ति या सैक्स पवर कम होने के अनेक कारण हैं, जैसे—

1. **सैक्स–सम्बन्धी कोई बीमारी**

2. **अरुचि**— काम वासना में रुचि न होने के कारण भी बहुत से लोगों की काम शक्ति-क्षीण होती चली जाती है। स्त्रियों में आमतौर से ऐसा होता है।

3. **अति कामुक रहना**— हर वक्त सैक्स का ही ध्यान मन में बने रहने से सैक्स की शक्ति क्षीण होती है।

4. **नशे**

5. **गर्भ–रुक्ष औषधियां**— बहुत से लोग सैक्स रोगों में या वहम वश गर्म दवाईयां खाते हैं, वे भी अपनी काम-शक्ति गंवा बैठते हैं।

6. **हस्तमैथुन**—अपने हाथों से भी लोग स्वयं को लुटाते रहते हैं।

7. **धर्मोपदेश**— ब्रह्मचर्य के विषय में सही जानकारी न मिलने और सैक्स को मूलतः पाप और अधर्म बताने वालों के उपदेश भी लोगों की काम-शक्ति को नष्ट

कर देते हैं।

8. **खून की कमी**— शरीर में खून की कमी तथा लम्बी बीमारी भी काम शक्ति को क्षीण कर देती है।

काम-शक्ति घटने के लक्षण

काम-शक्ति के क्षीण होने पर या नष्ट हो जाने पर स्त्री-पुरुष में कुछ लक्षण स्पष्ट दिखाई देने लगते हैं। लक्षण निम्नलिखित हैं—

1. सम्भोग के प्रति अरुचि या विरक्ति।
2. सिर में दर्द रहने लगता है।
3. सम्भोग असफल रहता है।
4. वीर्य पतला दिखता है अर्थात वीर्य में जो जलीय स्राव है, वह अधिक और जो श्वेत तथा शुक्र कीट तत्त्व हैं वे कम हो जाते हैं।
5. काम-शक्ति घटने पर स्त्री की योनि से तरल पदार्थ बहने लगता है।
6. हीन भावना घर कर जाती है। आत्म-शक्ति और इच्छा-शक्ति कम हो जाती है।
7. याद्दाश्त कम हो जाती है।
8. दिल की धड़कनें बढ़ जाती हैं। पुरुष सम्भोग में हांफने लगता है।
9. पाचन-क्रिया में गड़बड़ी रहती है तथा कब्ज हो जाता है।
10. लिंग में कठोरता नहीं आती और ढीला रहता है।
11. शीघ्र पतन होने लगता है।
12. सारे शरीर में दर्द रहता है।

अतः आवश्यक है कि काम शक्ति बढ़ायी जाये। बिना काम-शक्ति के जीवन का पूरा आनन्द नहीं लिया जा सकता तथा प्रगति भी नहीं की जा सकती।

तंत्र मार्ग मानव की इसी सोयी शक्ति को जगाने का प्रयास करता है। मूल शक्ति के स्रोत को खोलना चाहता है।

भैरवतंत्र मत और सैक्स

जहां दूसरे शास्त्र और ग्रन्थ यह मानते हैं कि विवाह संतान उत्पन्न करने के लिए

होता है वहां भैरवतंत्र मत यह मानता है कि विवाह का अर्थ सन्तान प्राप्ति नहीं है।

यह मत कहता है—विवाह मैथुन या सम्भोग के लिए किया जाता है और सम्भोग केवल सन्तान के लिए नहीं होता। यह तो आत्मा को बंधन मुक्त करने की साधना है। सम्भोग ही दिव्य आनन्द प्राप्त करने का उत्तम साधन है।

सच्ची उपासना पूर्ण सम्भोग है।

जो सम्भोग 'सम' और 'भोग' वास्तव में है, वह जीवन की सुन्दर स्थिति है। प्रेम का मूल सम्भोग है।

मैथुन वह दिव्यावस्था है जिसमें समाधि की स्थिति होने पर ब्रह्म का साक्षात्कार हो सकता है।

एक गुप्त शक्ति काम में है।

एक रहस्य इस सैक्स में छिपा है।

वह रहस्य है काम-शक्ति अर्थात सैक्स पॉवर। नया जीवन इसी शक्ति से पैदा होता है।

तंत्र मत उस झूठे पर्दे को हटाना चाहता है जो समाज में सैक्स, सम्भोग और काम-शक्ति के ऊपर डालकर उसे लज्जा, शर्म और झिझक बना देता है, जिससे लोग सच्चे और वास्तविक सम्भोग से वंचित रह जाते हैं।

तंत्र मत कहता है कि 'काम' जीवन का मूल है।

संभोग सृष्टि का कारण है। इसी से यह चल रही है।

तंत्र मत यह भी है कि योग के आसन भी सम्भोग की ही मुद्राएं हैं।

योग से भी समाधि की ओर जाते हैं और संभोग भी समाधि की ओर ले जाता है। योगासन मैथुन की ही भिन्न-भिन्न स्थितियां हैं।

तंत्र मार्ग 'काम' के सम्पूर्ण उपयोग के ऊपर बल देता है।

यह काम रहस्य को खोलता है। वह बताता है, इसमें छुपकर करने या डरने वाली बात नहीं है और न झिझक का कोई कारण है। खुलकर साफ दिल से तनाव मुक्त होकर सम्भोग करें, यह तंत्र सिखाता है। यह प्रकृति और ईश्वर की ही इच्छा है। हानिकारक इसमें कुछ भी नहीं है।

तंत्र मत में जाति, धर्म, वर्ण, देश का भेद-भाव नहीं है। यह सब मनुष्यों को समान मानता है। सबका उपकार चाहता है। यह चाहता है कि सब आनन्दित हों। आनन्द

जीवन का उद्देश्य है और आनन्द का साधन है 'काम—सम्भोग करना।

तंत्र मार्ग सम्भोग को सफल बनाने और आनन्द प्राप्त करने के लिए, आनन्द प्राप्ति की सिद्धि के लिए अनेक मुद्राएं, आसन, व्यायाम, प्राणायाम, सम्मोहन, ध्यान आदि सिखाता है।

जो लक्ष्य योग का है वही भोग का है।

दोनों मार्ग वहीं पहुंचते हैं।

भैरव तंत्र भी 'भैरवी चक्र' द्वारा, सम्भोग क्रिया करके, उसी मंजिल पर जाने वाले मार्ग को खोलता है।

सम्भोग से समाधि

संसार में कोई धर्म ऐसा नहीं है जिसमें काम को नकारा गया हो और काम विषयक व्यवस्था न दी गयी हो। सभी ने काम सम्बन्धों को जीवन की अनिवार्यता मानकर विवाह या काम, सम्बन्ध का कोई-न-कोई रूप दिया है।

मानव ही नहीं प्रत्येक प्राणी अधिकाधिक आनन्द की अनुभूति चाहता है।

प्राकृतिक रूप से 'काम' में आनन्द है।

काम में कोई आकर्षण ही न रहता यदि यह आनन्द संभोग से न मिलता।

यह 'आनन्द' ही सम्भोग की ओर आकर्षित करने वाला है।

इसी आनन्द ने मानव को समाधि का ज्ञान दिया होगा।

क्योंकि संभोग के समय, चरम बिन्दु पर जो क्षणिक सत्यानंद अनुभव होता है, उसी को पकड़कर रखने की बात मानव के मस्तिष्क में उपजी होगी और मानव ने सोचा होगा कि क्या यह आनन्द 'स्थायी' या 'दीर्घ' हो सकता है ?

वह परमानन्द—वह सत्यानन्द समाधि की स्थिति में है।

इस स्थिति में अपना 'ईगो' नहीं रहता।

'मैं हूं' का ज्ञान नहीं रहता। बस आनन्द-ही-आनन्द शेष रहता है।

योगाभ्यास क्यों करते हैं ?

उत्तर है 'योग' जुड़ना है उस अखण्ड सत्ता से, ईश्वर से।

योगाभ्यास से समाधि प्राप्त होती है और मनुष्य के भीतर जो आत्म तत्त्व हैं, वह ईश्वर या ब्रह्म से जुड़ता है।

सम्भोग क्या है ?

यह भी दो का मिलकर एक होना है। वे दो—नर-नारी शिव-शक्ति हैं। शिव और शक्ति का योग, संभोग है। वे समान रूप से योग करते हैं।

केवल यही नहीं है, इसमें और भी भाव हैं।

संभोग से जो चरम सुख और आनन्द मिलता है—उसमें अध्यात्म तत्त्व भी है।

उसी तत्त्व को पकड़ना है।

संभोग को साधना बनाकर समाधि की स्थिति को प्राप्त करना है।

तंत्र मार्ग की एक शाखा यही बताती है कि संभोग से कैसे समाधि की प्राप्ति हो सकती है।

आनन्द के स्रोत से जुड़ने की प्रबल इच्छा प्रत्येक प्राणी की है।

मानव विकसित प्राणी है।

यह इच्छा, ज्ञान और प्रयास के द्वारा अन्य प्राणियों से अधिक खोज करता है। इसके पास ज्ञान-विज्ञान है। उसी खोज में एक खोज समाधि भी है।

समाधि एक मुक्ति है।

मुक्त होना कौन नहीं चाहता है ? प्रत्येक दु:ख, कष्ट और बंधन से मुक्ति सब चाहते हैं।

योग मार्ग में यम, नियम, आसन, प्राणायाम, प्रत्याहार, धारणा, ध्यान और समाधि— ये आठ अंग हैं — इसे अष्टांग योग कहते हैं।

महर्षि पतंजलि ने इन्हीं को योग दर्शन में स्वीकार किया है।

बाद के सब योगाचार्यों और योगियों ने इन्हीं को मान्यता दी है।

'हठ योग' इसे इनकार नहीं करता।

'तंत्र मार्ग' में कुछ को छोड़कर शेष वही सब है।

कुछ बातों का रूप बदल दिया गया है।

कुछ अंशों की परिभाषा बदली है।

तंत्र जहां 'संभोग' से समाधि संभव मानता है, वहीं योग दर्शन इससे इनकार करता है।

किन्तु तंत्र मार्गी कुछ आचार्यों का कथन है कि योग दर्शन के ही अनुसार तंत्र मार्ग है।

तंत्र की कोई बात योग दर्शन में नहीं कट रही है।

तंत्र भी यम नियम मानता है।

तंत्र में ध्यान और समाधि है। आसन-प्राणायाम तो रहते ही हैं।

संभोग से समाधि की ओर चलते हैं तब भी अष्टांग योग की सारी बातों से गुजरते हैं।

वीर्य क्षरण और काम-शक्ति को भली-भांति समझने और शरीर को सबल बनाने के बाद ही तो मनुष्य सफल संभोग कर सकता है। शरीर को सफल, सबल यम और नियमों से, आसनों और प्राणायाम से बनाया जा सकता है। यमों में जो अहिंसा, सत्य, अस्तेय, ब्रह्मचर्य और अपरिग्रह है, वह सभी के लिए आवश्यक है।

तंत्र मार्ग में भैरव-भैरवी की पूजा होती है और युवक और युवती छांटे जाते हैं—जिन्हें आनन्द भैरव व भैरवी देवी के रूप में खड़े करते हैं और लिंग-योनि पूजा करते हैं, वे ब्रह्मचारी ही छांटे जाने का विधान है।

तंत्र मार्ग यह भी सिखाता है कि सफल संभोग ही समाधि तक पहुंचा सकता है।

सफल संभोग निर्बल व्यक्ति नहीं कर सकता है। उसे तन-मन से स्वस्थ होना चाहिये।

तान्त्रिक साधना के लिए मनुष्य को अत्यन्त प्रबल होना चाहिए। शिथिलता, आलस्य या ढील-ढाल सफलता में बाधक है।

तंत्र मार्ग बतलाता है कि ऐश्वर्य, भोग, संभोग और इन्द्रिय सुख भोगों से पूर्ण तृप्त हुआ मनुष्य ही पूर्ण आत्मविश्वास से आगे बढ़ सकता है, अतः तंत्र मार्ग सुख भोगों से रोकता नहीं है। यह सभी भौतिक सुखों और उपलब्धियों को प्राप्त करके उनमें से गुजर जाने देता है।

जब सब सुख लेते हैं, कुछ भी लालसा नहीं रहती जिसके पीछे भागना पड़े, काम वासना से भी वह तृप्त हो जाता है तो उससे भी ऊपर उठ जाता है।

काम से तृप्त मनुष्य के मस्तिष्क में तो वही छायी रहती है- केवल 'काम वासना'। बस कामेच्छाएं उसे घेरे रहती हैं और वह उन्हीं में घिरा तनावग्रस्त रहता है।

आज हम चारों ओर जो बलात्कार, अपहरण और स्त्रियों से छेड़-छाड़ की घटनाएं देखते हैं, वे क्या हैं ? वे सब अतृप्त काम के दुष्परिणाम हैं, वे सब सैक्स के हौए के कारण हैं।

तंत्र मार्ग का यह मत यहां बड़ी अच्छी बात कहता है।

सैक्स पर से पाबंदी हटा दो।

उसे सहज और मुक्त रहने दो।

तब इसी में आकृष्ट कोई न रहेगा।

इससे आगे बढ़ जायेगा मानव।

तंत्र मार्ग यह भी कहता है कि वासना तृप्ति पर जो रुके रह जाते है, वे पशु तुल्य हैं। माध्यम पर, साधन पर रुकना नहीं है।

साधना करते-करते और आगे जाना है।

संभोग को साधना समझना है।

यह चूंकि सहज साधना है, अतः तंत्र ने इसी को अभ्यास रूप में चुना है। इसी के द्वारा उच्च लक्ष्य—समाधि तक पहुंचना है।

संभोग से समाधि कैसे संभव है ? यह प्रश्न अकसर उठाया जाता है।

इसके उत्तर में अनेक प्राचीन तंत्र ग्रंन्थ हैं। वर्तमान आचार्यों का भी तंत्र साहित्य है।

आचार्य रजनीश ने इस विषय पर पर्याप्त साहित्य लिखा है जिसका विरोध भी हुआ है परन्तु संसार की अधिकांश संख्या इस मत को उचित मानती है कि भौतिक सुखों को नजरअंन्दाज नहीं किया जा सकता, तृप्त होने पर आसानी से आगे बढ़ा जा सकता है तथा जो चरम लक्ष्य समाधि है, उस तक पहुंचने का माध्यम संभोग भी है।

सम्भोग में जो अलौकिक आनन्द है वही तो प्राणी को अपनी ओर खींचता है। उसी बिन्दु को पकड़ लेना समाधि है।

योग कहता है- समाधि ध्यान से लगती है। तंत्र भी यही कहता है कि सम्भोग में शिव और शक्ति को एकाकार रूप में ध्यान करो। उसमें ध्यान को केन्द्रित करो। ध्यान को उसमें केन्द्रित करने के लिए अभ्यास से मन वश में रखते हुए सम्भोग लम्बा खींचो।

मन वश में रहेगा, तभी सम्भोग को लम्बा खींचा जा सकता है।

अभ्यास से मन वश में होता है। इसके लिए प्राणायाम और योगासन सहायक सिद्ध होते हैं।

मन वश में करके 'ध्यान' को केन्द्रित कर सकते हैं। 'ध्यान जम जाने से इच्छा-शक्ति और आत्म-शक्ति में वृद्धि तो होती ही है, समाधि भी प्राप्त हो सकती है।

तंत्र मार्ग में आचार्य यही सिखाते हैं कि किस प्रकार संभोग को आध्यात्मिक बनाते हैं। किस प्रकार मन वश में करते हैं, सम्भोग को लम्बा खींचते हैं, ध्यान लगाते हैं और ध्यान से समाधि को प्राप्त करते हैं।

समाधि से सिद्धियां प्राप्त हो जाती हैं।

कुण्डलिनी शक्ति का जागरण हो जाता है। कुण्डलिनी शक्ति पूर्ण रूप से जागृत होने पर यदि सहस्रार तक पहुंच जाती है तो मनुष्य में ब्रह्म तत्त्व आ जाता है। वह महासिद्धियां प्राप्त कर लेता है। उसके लिए कुछ भी असम्भव नहीं रहता।

किन्तु तंत्र साधना साधारण व्यक्ति के बल-बूते में नहीं है। इसके लिए शक्ति, साहस, सूझ, सच्चे विश्वास, लगन और परिश्रम की आवश्यकता है। निर्भीक होकर दृढ़ता से चलना पड़ता है तभी इस साधना से सिद्धियां प्राप्त होती हैं।

तंत्रानुसार मन वश में करके अपनी इच्छा के अनुसार चलाओ। अपने अन्दर संकल्प को दृढ़ करने की शक्ति अर्जित कर लो। संकल्प-शक्ति कमजोर न होने दो। आत्मविश्वास को दृढ़ रखो।

अभ्यास से यह सब हो जाता है। चेतन निद्रा में यह अभ्यास करें। चेतन निद्रा में मनुष्य मन को सभी इन्द्रियों से हटा लेता है। वह बाहर से सोया रहता है, अन्दर से जागृत होता है। इसी को 'सहज समाधि' कहते हैं। इसमें साधक सम्भोग अवस्था में अपने यौन अंगों को साधिका साथिन के यौन अंगों में एकाकार पाता है। हाथों से बिना छुए, बिना देखे, बिना सूंघे, बिना बोले, वह इष्ट के ध्यान में मग्न, एकाग्रचित्त, लीन होता है। अपना 'ईगो' भूल जाता है। अपने-आपको वह समय से परे, स्थान से परे, समझता है। कोई चेष्टा, कोई हरकत, कोई प्रकाश या अन्धकार उस समय सामने नहीं होता। यह आत्मसम्मोहन की स्थिति होती है।

आत्मसम्मोहन में शरीर को—अपने ही शरीर को आज्ञा या सुझाव देकर जड़ या कठोर बनाया जा सकता है।

सुझाव देकर ही पुनः जागृत किया जा सकता है। जागृत होने पर शरीर प्रफुल्लित होता है।

सम्भोग की यह सहज समाधि है। इससे भी आगे बढ़ा जा सकता है।

ब्रह्म को जाना जा सकता है।

ब्रह्ममय होकर सभी सिद्धियों की प्राप्ति की जा सकती है। कुण्डलिनी का जागरण किया जा सकता है जो सर्पाकार कुण्डल रूप में मूलाधार में है। प्रत्येक मनुष्य के मूलाधार

में यह कुण्डलिनी शक्ति है।

यह शक्ति का अक्षय भंडार है।

यह ओज शक्ति है।

इसी शक्ति को योगी जगाते हैं।

'कुण्डलिनी' नाड़ियों का गुच्छा-सा ही है। जिसमें अपार शक्ति भरी है। इसे ऊर्ध्वगामी करके मस्तिष्क तक पहुंचाना होता है।

सुषुम्ना के भीतर से होकर चक्रों का वेधन करती हुई यह कुण्डलिनी सहस्रार तक मस्तिष्क में पहुंचती है।

मनुष्य को तब दिव्य शक्तियां प्राप्त हो जाती हैं।

सम्भोग में ध्यान और समाधि से, प्रकम्पन से यह शक्ति जागृत हो जाती है।

समाधि लग जाती है।

मनुष्य दिव्य शक्तियों का स्वामी बनता है। सब तरह वह मुक्ति और आनन्द अनुभव करता है। फिर उसे सम्भोग में भी रुचि नहीं रहती है। वह परमहंस हो सकता है।

सम्भोग की वास्तविकता

नर और मादा की जिस क्रीड़ा को—जिस मिलन को हम सम्भोग कहते हैं, यह वास्तव में क्या चीज है ? यह क्यों है ? इस बात की गहराई को समझना आवश्यक है।

इसके विषय में जितने धर्म हैं, जितने भी मत-मतान्तर हैं, धर्म ग्रन्थ हैं, नीतिशास्त्र हैं या शरीर विज्ञान सम्बन्धी खोज हैं, सबके कथन कुछ समान होते हुए भी सभी में भिन्नता भी है।

वेद, जो सबसे प्राचीन ज्ञान है, उनमें सम्भोग को केवल सन्तान उत्पत्ति हेतु बताया गया है।

वेद कहते हैं कि धर्मानुसार सन्तानोत्पादन के लिए सम्भोग करना चाहिए।

सम्भोग के लिए आर्य लोगों में विवाह को अनिवार्य माना जाता है।

बिना विवाह के वैदिक धर्म सम्भोग को ही अनैतिक मानता है।

तंत्रमार्गी लोगों की सम्भोग साधना वेदों के अनुसार उचित नहीं है। वैदिक धर्म इसे अनुचित, पापाचार ओर अधर्म मानता है।

स्वामी दयानन्द सरस्वती ने 'सत्यार्थ प्रकाश' में इस वाममार्गी साधना की खूब धज्जियां उड़ाई हैं और इसे वेद-विरुद्ध पापाचरण बताया है। उन्होंने तंत्र ग्रंथों में भैरव तंत्र को ही अधिक अश्लील, गन्दगी से भरा, पापाचरण और अधर्म का कार्य कहा है। क्योंकि इस साधना में मैथुन, शराब और मांस का प्रयोग होता है जो वेदानुकूल नहीं है।

वैदिक धर्म-ग्रंथ सम्भोग को गृहस्थाश्रम में ही स्वीकार करते हैं। ब्रह्मचर्य, वानप्रस्थ और संन्यास आश्रमों में सम्भोग वर्जित है। अपनी पत्नी के अतिरिक्त किसी अन्य से द अनुचित मानते हैं। सम्पूर्ण आर्य संस्कृति ऐसे यौन सम्बन्धों को अनुचित रतीय हिन्दू दर्शन कहते हैं—

'मातृवत परदारेषु'

अर्थात् परायी स्त्री मां के समान।

यह मर्यादाएं, यह महान संस्कृति और ये उच्च आदर्श केवल इसी देश में हैं। जिन आदर्शों की दूसरे धर्मावलम्बी या आधुनिक सभ्यता के पुजारी अथवा तांत्रिक मतावलम्बी खिल्ली उडाते हैं और उन्हें व्यर्थ के बन्धन कहते हैं, उन तक वे लोग पहुंचने में स्वयं को असमर्थ पाते हैं। जब वे उन सीमाओं को छूने में असमर्थ हो जाते हैं तो उन्हें असम्भव और आडम्बर कहकर अपना मत समझाते हैं।

योरोप और अमेरिका के लोग यौन प्रदर्शन या भावनाओं को सहजरूप में लेने की बात करते हैं। वहां वे सब आम बातें हैं जिन्हें हम बेशर्मी कहते हैं।

वहां का यह सब उचित नहीं कहा जा सकता।

यदि हम यह मानकर चलते हैं कि यह मनुष्य अन्य प्राणियों में श्रेष्ठ है तो इसी बात में हम पशुओं के सामन बेशर्म होने को प्राकृतिक और सहज कहकर समर्थन क्यों करते हैं ? पशुओं के समान हरकतें और खुली यौन क्रियाएं क्यों करना चाहते हैं ? उन्हीं की बातें में विरोधाभास है।

सैक्स को हमारे यहां गोपनीय तो रक्खा गया है किन्तु यह नहीं है कि उसका ज्ञान न दिया जाता हो। पच्चीस वर्ष का ब्रह्मचारी होने पर युवक को और सोलह वर्ष की होने पर कन्या को गृहस्थाश्रम की शिक्षा दी जाती है। जिसमें काम विषयक ज्ञान भी है। बस उच्छृंखलता एवं सैक्स में लिप्त रहने का यहां विधान नहीं है।

बाद में दोष आये।

अन्य देशों की संस्कृति आ मिली ।

पर्दा अरब से आया।

पर्दे ने स्त्री को घर की चरदीवारी में कैद कर दिया। यह प्रथा हमारी नहीं है। विदेश की है।

जब समस्या यह आती थी कि कोई जवान स्त्री निःसन्तान विधवा हो गयी, या पति लम्बे समय से प्रदेश में है, असाध्य रोग से पीड़ित है, तब धर्मानुसार, समाज की सहमति से 'नियोग' द्वारा सन्तान उत्पन्न कर सकती है।

'नियोग' की प्रथा प्राचीनकाल से है। सम्भवतः त्रेता युग से। जिसे लगभग सात-आठ हजार वर्ष गुजर चुके हैं।

'नियोग' का अर्थ है, समाज की सम्मति के अनुसार, संभोग के लिए 'नियुक्ति'।

नियुक्त पुरुष से स्त्री सम्भोग करती है। सन्तान उसकी होती है जिसके लिए सम्भोग करती है। सन्तान उसकी होती है जिसके लिए 'नियोग' होता है।

इसके बाद दोनों का कोई सम्बन्ध नहीं रहता है।

वह सन्तान उस स्त्री के पति की ही कही जाती है और उसकी सम्पत्ति में हिस्सा रहता है।

कितना प्रगतिशील कदम था यह ? आधुनिक सभ्यता के पुजारी गौर करें कि उस युग में नियोग की प्रथा यहां थी जब यूरोप और अमेरिका के लोग जंगली अवस्था में थे। केवल कच्चा मांस खाकर जीते थे। तब यहां यज्ञ-हवन और वेद मन्त्र बोले जाते थे। यहां कृषि होती थी। विवाह की पद्धति विकसित हो चुकी थी।

तंत्र मार्ग, जो सैक्स को खुली छूट देने का पक्षपाती है, उसका विकास भी भारत में ही हुआ है। यूरोप में जो सैक्स को सहज और उन्मुक्त समझा जाता है, वह भारतीय तंत्र ग्रन्थों का प्रभाव है।

तंत्र साधना में भैरव साधना, शाक्त तंत्रादि का प्रादुर्भाव उन लोगों ने किया जो वेदों को नहीं समझते थे। जो वेदों की मोटी-मोटी बातें तो सुनते थे, सूक्ष्म को नहीं समझते थे।

दूसरी चीज यह थी कि वे लोग योग के कठिन मार्ग पर चल नहीं सकते थे।

वे भौतिक सुखों को बिना भोगे उनसे नहीं हट सकते थे।

जब तक किसी आनन्द को या सुख को नहीं भोगते तब तक उनके विचार से मन उसी में अटका रहता है।

उन्होंने यह अपने अनुभव से लिखा है।

जो सामान्य जन पर सही उतरता है।

वास्तव में सब लोग विद्वान नहीं होते ।

सबकी समझ ऊंची नहीं होती ।

सब योग को गहराई से नहीं जान सकते। इसलिए इन लोगों ने भोग का सहारा लिया।

उन्होंने योग की यह बात जान ली कि ध्यान की एकाग्रता और तन्मयता से समाधि लगती है। चित्त की वृत्तियों का निरोध योग है।

बस यहीं से उनकी सोच बन गयी, क्यों न इस सम्भोग में ही ध्यान को केन्द्रित करने का अभ्यास करें ? क्यों न आनन्द लेते हुए साधना करें ?

मौज-मस्ती और आनन्द भी और साधना भी।

बस.....सम्भोग से समाधि की खोज आरम्भ हो गयी।

इसके लिए ग्रंथ रचे गये।

इसका भी विज्ञान लाया गया।

साधना आरम्भ हो गयी।

इस प्रकार सम्भोग को 'आध्यात्मिकता' से जोड़ दिया गया।

देवी की पूजा हुई ।

तंत्र साधना में शिव और शक्ति आ गये।

पुरुष शिव और स्त्री शक्ति देवी।

दोनों का मिला रूप अर्धनारीश्वर।

शिव-शक्ति संगम।

यही है तांत्रिक संभोग।

संभोग से साधना।

बाद में स्वार्थी और जिह्वा के पुजारियों ने मांस-मदिरा को भी शामिल कर दिया।

इस प्रकार इस साधना में भी बुराइयां भरती गयीं। अब तो भैरव-भैरवी, साधक-साधिकाओं की पहुंच केवल संभोग तक सीमित है। संभोग के द्वारा आनन्द प्राप्ति ही उद्देश्य रह गया है।

जिस प्रकार प्राचीनकाल में योग साधना को कठिन मानकर तत्कालीन जन साधारण के लिए सम्भोग से साधना करके समाधि पाने की विद्या को विकसित किया गया था उसी प्रकार की समस्या आज भी आ गयी है। जन साधारण आज फिर वहीं संभोग तक रुका है।

तंत्र मतानुयायियों में कितने हैं जो समाधि लाभ करते हैं ?

कितने इस पद्धति से सिद्ध हो गये ?

कितने ज्ञानी हैं ?

कितनों की कुण्डनिली इस संभोग से जगी है ?

वास्तविकता कुछ और है।

अष्टांग योग के द्वारा अनेक योगाश्रमों में शिक्षा लेकर आज विद्वान बन रहे हैं, शक्तिशाली बन रहे हैं, आरोग्य लाभ कर रहे हैं, तंत्र मार्ग से जो लोग स्वयं को आनन्दित या सुखी समझ रहे हैं वे अन्त में यही अनुभव करते हैं कि अधिक संभोग से हानियां ही हैं और समाधि पाने के प्रयास में बार-बार सम्भोग करके शरीर का सर्वनाश होता है शक्ति क्षीण होती चली जाती है।

वास्तव में 'सम्भोग से समाधि' तक आना भी जनसाधारण के बस का नहीं है।

यह भी बड़ा कठिन है।

सम्भोग के क्षणों में आम आदमी उसी क्षणिक आनन्द को पा सकता है।

इससे आगे वह नहीं बढ़ पाता।

वह 'ध्यान' केन्द्रित नहीं कर पाता है। जब ध्यान केन्द्रित नहीं होता तो समाधि नहीं लगती।

तंत्र मार्ग और सामाजिक परिस्थितियां तथा उन्मुकत-सैकस

तंत्र ग्रथों के अनुसार तंत्र मार्ग से मानव अपने देवी-देवताओं की सिद्धि करके, उनसे अपनी मनोवांछित इच्छओं की उपलब्धि करता है।

तंत्र मार्ग में ही एक मार्ग वाममार्गी साधना है। भैरव तंत्र भी ऐसी ही साधना है। इसके साधक शैव और शाक्त के मध्यमार्ग को अपनाते हैं। वे लोग शक्ति को प्राथमिकता देते हैं। सम्भोग को शिव और शक्ति का संगम मानकर योनि और लिंग की पूजा करते हैं। कुंवारी कन्याओं को पूर्णतः नंगी करके, शराब में उन्मुक्त करके, नशे में ही उन पांचों या नवों को मंच पर लाकर उनकी योनि पूजा होती है। वहीं हवन के साथ जानवरों के गोश्त की बलि आहुति दी जाती है, रक्त बहता है, शराब के नशे में धुत्त होकर, गोश्त खाकर, सैकड़ों स्त्री-पुरुष एक साथ सामूहिक काम क्रीड़ाएं और फिर सम्भोग करते हैं। सौ-डेढ़ सौ स्त्री-पुरुष नंगे होकर संभोग करें यह साधना है ?

इस प्रकार की साधना को समाज कैसे मान्यता दे सकता है ? संस्कृति कैसे इसे उचित ठहरा सकती है ?

यों तो एकान्त स्थानों पर यह साधना होती है। इस प्रकार सामूहिक संभोग होते हैं।

किन्तु स्त्री-पुरुष इतनी संख्या में इस साधना में स्वेच्छा से भाग लें, यह असंभव है। कठिन तो यह इस देश में है ही।

यहां तो वेश्याएं भी इतनी उच्छृंखल और प्यासी नहीं हैं कि सामूहिक संभोग कर लें। वे भी पर्दे से करती हैं।

हो सकता है कि ऐसी साधनाएं सफल होती हों और ऐसी स्त्रियां भी मिल जाती हों जो सामूहिक संभोग में—अर्थात् भैरवी चक्र में भाग लेती हों।

परन्तु यह भी सही है कि वे सब साधक वहां पत्नियों को नहीं ले जाते हैं। अपनी पत्नियों को ले जाने का साहस वे क्यों नहीं करते ?

ऐसे साधना केन्द्र को एक बार देखा है। वहां तो जो पुरुष थे उनकी पत्नियों को ज्ञात भी नहीं था कि पतिदेव ऐसी साधना भैरवी चक्र में जाते हैं।

इस प्रकार के लोग अन्य केन्द्रों में भी जाते होंगे।

जब सैक्स को वे लोग खुला और स्वतंत्र चाहते हैं तो पत्नियों के लिए क्यों नहीं ?

जब वे साधक हैं तो पत्नी भी साधिका होनी चाहिए।

नारी को भैरवी चक्र के अनुयायी पुरुष से भी अधिक सम्मान, अधिक दर्जा देते हैं। उसी की योनि पूजा लिंग से पूर्व होती है। किन्तु जब कुछ गृहस्थ लोगों को इस मार्ग में देखते हैं तो यह देख आश्चर्य होता है कि वे पत्नियों से भी अपनी साधना को छुपाते हैं। उन्हें इससे दूर रखते हैं। होना तो यह चाहिए कि अन्य साधिका का साथ लेने की बजाय अपनी ही पत्नी को साधिका के रूप में साथ ले जायें। इसी से अधिक लाभ है।

अपनी पत्नी को इससे बचाने का अर्थ है— विचारों में पाशबद्धता।

बंधन।

करनी और कथनी में अन्तर।

दूसरी चीज इस मार्ग में यह भी देखने को मिली कि बलपूर्वक लड़कियों को ले जाकर, अपहरण कर लायी गयी लड़कियों को शराब आदि के नशे में धुत्त करके भैरवी चक्र में प्रयोग किया जाता है जो कि सामाजिक मान्यताओं के विरुद्ध है, कानून का उल्लंघन है, घृणित कृत्य है।

साधना में स्वेच्छा से भाग लेने वाली लड़की ही होनी चाहिए। बहकाना, फुसलाना, अपहरण कर लाना, बलपूर्वक ले जाना, जबरदस्ती शराब पिलाना या नशे कराना न्याय नहीं है।

तंत्र मार्ग स्वयं इन कृत्यों के विरुद्ध है। भैरवी तंत्र ग्रन्थ इस प्रकार स्त्रियों पर अन्याय के विरुद्ध है। स्त्रियों को इसमें बड़ा सम्मान दिया गया है, उन्हें शक्ति और देवी कहा गया है, उनकी पूजा होती है।

तंत्र ग्रन्थानुसार वे लोग चलते हैं तो कुछ सीमा तक ठीक हैं किन्तु वे तो आजकल मर्यादाएं तोड़ते हैं। कानून की दृष्टि से भी अनुचित कार्य होते देखे गये हैं। ऐसे एकाध केन्द्र को तो व्यभिचार का अड्डा पाया गया । जहां धनी लोग धन खर्च करके भैरवी चक्र में आनन्द उठाने जाते थे।

यह सब दोष बाद में आये हैं।

यह दोष सब केन्द्रों में नहीं भी होता होगा। सहज, स्वाभाविक साधना केन्द्र होते

होंगे।

संभोग से समाधि लाभ जहां साधकगण कर रहे होंगे।

किन्तु इस बात से इनकार नहीं किया जा सकता कि भारतीय संस्कृति में अधिकांश स्त्रियां इस मार्ग को अनुचित समझती हैं। इसे तंत्र-मार्गी नारी का पिछड़ापन कहते हैं। किन्तु उन पुरुषों में भी क्या पिछड़ापन नहीं है जो इस मार्ग को सही मानते हुए भी बहन, पत्नी आदि को इससे दूर रखते हैं ?

सामाजिक मान्यताओं और परिस्थितियों को देखते हुए भी यह मार्ग यहां उपयुक्त नहीं लगता इसमें दुर्गुण आ जाने स्वाभाविक हैं।

आज के युग में लोग बहुत बदल गये हैं।

अब लोग ऐसे साधना केन्द्रों को दौलत से चलवा सकते हैं। अपनी इच्छानुसार कौलाचार्य या तांत्रिकाचार्य नियुक्त करके रख सकते हैं। वहां अनेक बेबस युवतियां रक्खी जा सकती हैं और दौलतमंन्द लोग वासना की प्यास बुझाने वहां एकत्र होकर भैरवी चक्र चला सकते हैं। इससे इनकार नहीं किया जा सकता कि धनिकों ने ऐसे अड्डे इस बहाने से बना रक्खे होंगे। ऐसा होना स्वभाविक है।

सामाजिक परिस्थितियां ऐसी हैं।

जायके के लिए यह होता है।

लोग स्त्रियों को भोगने और उनसे अपना मन बहलाना शौक और फैशन समझते हैं।

यह सब दौलत के बल पर होता आ रहा है।

आज जो बड़े-बड़े क्लबों, होटलों और रेस्टोरेन्टों में कार्लगर्ल्स, मॉडर्न सोसाइटी गर्ल्स एवं कैबरे डांसर हैं—वे सब पुरुषों की काम पिपासा को शांत करने के लिए हैं।

यों तो बड़े कहे जाने वाले कुछ आधुनिक लोग सोसाइटी में 'मूव' करने में कुशल पत्नियां ही चाहते हैं किन्तु अन्त में उन्हें भी निर्णय बदलते देखा गया है।

ऐसे आधुनिक और उनकी आधुनिकाओं में तलाक देखे गये हैं। मार-पीट देखी गयी है।

शराब के नशे में गाली-गलौच करते देखे जाते हैं।

तलाक के केस अधिकांश इन्हीं में देखे गये हैं।

'बैकवर्ड' कही जाने वाली सोसाईटी में तलाक कम देखे जाते हैं। यहां तक कि मध्यवर्ती लोगों के समाज में अभावों से जूझती हुई स्त्री भी अपने गरीब पति को परमेश्वर

और पति भी अपनी पत्नी को प्राणों से प्रिय अभिन्न अंग समझता है। यह प्रभाव भारतीय संस्कृति का है।

तंत्र मार्ग उन्मुक्त सैक्स...'फ्री सैक्स' का हामी।

इस 'फ्री सैक्स' की भावना के पीछे क्या है ? वही आदिम अवस्था—वह पिछड़ापन—वही पुनः प्रकृति की ओर लौटना।

किन्तु गहराई से देखने पर पता चलता है कि फ्री सैक्स भी प्रकृति के अनुकूल नहीं है। पशु-पक्षियों को देखिए। जब तक मादा 'हीट' पर नहीं आती है, गर्भाधान का समय नहीं आता है तब तक वे संभोग नहीं करते हैं।

दूसरी ओर ये मनुष्य हैं।

रात-दिन इसी में लिप्त हैं।

फ्री सैक्स के द्वारा ये इसी कृत्य में और भी अधिक लिप्त होना चाहते हैं।

उनका तर्क है कि सैक्स से वर्जनाएं और पाबंदिया हट जायेंगी तो मनुष्य सैक्स में इतना लिप्त नहीं रहेगा।

किन्तु यह तर्क सही नहीं है।

लोकनिंदा का जो थोड़ा-बहुत भय कामी और वासना के पुतलों को है, वह भी जाता रहेगा। उच्छृंखलता बढ़ जायेगी।

ऊंची सोसाइटियों में जो हो रहा है, वही चारों ओर होने लगेगा।

पशुओं में और उन लोगों में क्या अन्तर है जो समाज के दायरों, मर्यादाओं को तोड़ रहे हैं और जिनकी संतानों का यह भी पता नहीं है कि उनके पिता वास्तव में कौन हैं ?

पत्नी-विनिमय, परस्त्री गमन, परपुरुष गमन यह सब पशु तुल्य व्यवहार हैं।

बिलकुल यही बातें पशुओं और पक्षियों में हैं।

पशु-पक्षियों में भी बहुत से जोड़े बनाकर साथ रहते हैं और एक-दूसरे को प्रेम करते हैं। एक के मरने पर दूसरा प्राण त्याग देता है।

अपने साथी को अन्य के साथ वे देख नहीं सकते हैं।

उनके प्यार में एकाधिकार की भावना होती है।

यह माना जा सकता है कि आध्यात्मिक दृष्टि से एकाधिकार की भावना का होना अनुचित है। क्योंकि आत्मा की अमरता और अखंडता को देखते हुए केवल शरीरों के ही रिश्ते हैं, शरीरों से ही मोह हैं। शरीर नष्ट होने वाली चीज है। नश्वर है। यह जिन पांच तत्त्वों से बना है, उन्हीं में घुल-मिल जाता है। आत्मा इसे छोड़कर चली

जायेगी। फिर इससे मोह क्यों ? एकाधिकार की भावना क्यों?

किन्तु इसमें भी तथ्य है।

इसका उत्तर हमारे वेदांत दर्शन के पास है जो अद्वैतवाद की शिक्षा देता है। जो आत्मा और परमात्मा के विषय में उच्चतम भाव है।

वेदांत कहता है कि चारों ओर, सभी के भीतर एक ही अखंड, अनंत, असीम सत्ता है। जो सर्वव्यापक है, सर्वज्ञ है, जो समष्टि है, वह परमात्मा है और जो प्रकृति के पाश में है, संस्कारों में जकड़ा है, जिसका संयोग प्रकृति के साथ है, यह अंश शांत-सा लगता है। यह आत्मा है।

आत्मा का आत्मा के प्रति आकर्षण होता है।

प्रत्येक जीव दूसरे पर उपकार भी करना चाहता, है प्रेम भी। उसी प्रेम का परिष्कृत रूप है निःस्वार्थ प्रेम और सस्वार्थ प्रेम है। पति-पत्नी के बीच प्रेम। यह लौकिक प्रेम है। इसी में एकाधिकार भावना आ जाती है। दोनों एक दूसरे के लिए होते हैं।

कुछ भी हो, फ्री सैक्स....या उन्मुक्त काम अभी समाज के लिए घातक है।

कम-से-कम भारत में तो यह व्यवस्था पच नहीं सकती।

यहां की मूल संस्कृति इसे नहीं पचायेगी।

क्योंकि मानव सदा मानव रहेगा। वह पशु नहीं बन सकता।

□□□

नए प्रकाशन

बिस्वरूप राय चौधरी
डायनैमिक मेमोरी कंप्यूटर कोर्स
(परिवर्द्धित व संशोधित)

डॉ. उज्जवल पाटनी
पॉवर थिंकिंग

तरुण इन्जीनियर
पावर ऑफ पाजिटिव थिंकिंग

डॉ. कुमार विश्वास
कोई दीवाना कहता है

जौली अंकल
कहानियां जो राह दिखाएं

रेनू सरन
भारत के राष्ट्रपति

रेनू सरन
भारत के प्रधानमंत्री

सुदर्शन भाटिया
प्रणव मुखर्जी

वैद्य राजश्री कुलकर्णी, अभय कुलकर्णी
आयुर्वेदीय गर्भसंस्कार

राजेश चेतन
सीधी सादी बातें

सूर्या सिन्हा
सकारात्मक विचारों का जादू

दीपक बहल
सफलता की ओर
10 कदम

जोगिन्दर सिंह
माइंड पॉज़िटिव लाइफ पॉज़िटिव

शिशिर श्रीवास्तव
सफलता पाने की 8 शक्तियां

अमित कुमार
सफलतम कप्तान धोनी

नमिता जैन
4 सप्ताह में वजन घटाएं

नमिता जैन
टीन फिटनेस गाइड

नमिता जैन
आखिरी 5 किलो कैसे घटाएं

राजेन्द्र अवस्थी
काल-चिन्तन (6 भाग)
प्रत्येक भाग

ओ.पी.झा
मैनेजमेंट गुरु भगवान श्रीकृष्ण

डायमंड बुक्स डायमंड पॉकेट बुक्स X-30, ओखला इंडस्ट्रियल एरिया, फेज-II, नई दिल्ली-20,
फोन : 011: 40712100

व्यक्तित्व विकास की श्रेष्ठ पुस्तकें

डायमंड बुक्स X-30, ओखला इंडस्ट्रियल एरिया, फेज-II नई दिल्ली-110020 फोन : 011-40716600, 40712100

ई-मेल : sales@dpb.in Shop online at www.diamondbook.in सभी बुक स्टॉलों पर उपलब्ध